谈义良 著

老谈的养老事业梦

序：老谈不简单

苏 勇

2020年2月下旬，正值疫情肆虐。我得知九如城集团董事长谈义良博士要亲自带队去武汉支援抗疫，深入武汉养老院为老人服务之后，我深深地被震撼和感动了。回想当时的情景，全国人人谈疫色变，武汉封城，彼时除了医疗救援团队之外，人们唯恐避之不及。已近花甲之年的老谈，居然要带领九如城集团40名骨干逆行而上，进入最容易受病毒侵害的养老院。难道他没有考虑自身将面临的危险？没有考虑万一可能发生的情况？如果团队有一人感染新冠肺炎，那会带来什么样的后果？

但是仔细想来，这又非常符合我多年来对老谈的认知。

谈义良是一个非常有毅力的人。他一旦下了决心，就会一往无前。我认识义良二十多年了。从他开始来读产业经济研究生班，我就认识他了。后来我又在复旦的EMBA班上给他授课。2011年他就读复旦大学－香港城市大学合作DBA，我担任他的论文导师。我对他的认识随着熟悉程度的增加在不断深化。谈义良首先给我的印象是好学。在EMBA课堂上，他不仅认真上课、积极参与，课后还多次和我探讨相关问题。而且他好像学个没完，读完一程又一程。就我所知，除了上述三个项目的

正心奉道

课程之外,他还学习了阳明心学,近来又在努力研习《易经》,并将其和企业经营实际紧密结合。他在刚开始读DBA时就立志要努力争取提前毕业并为此发奋学习。他给我看过在飞机上写的读书笔记和在跑步机前墙上贴的大字文献摘要。最后的结果是他如愿以偿,果然成为DBA项目第一个答辩并戴帽的毕业生。他给我第二深刻的印象是有毅力。也正因为有着这样的毅力,他数十年来坚持长跑,在世界各地跑过许多个马拉松,还攀登过多座世界著名山峰,跑得不亦乐乎。他还担任首届复旦EMBA户外协会的会长,组织同学一起长跑,磨练意志和体格。

本书取名《正心奉道》,这是义良在几十年经营企业中始终奉行的价值观。我多次表达过一个观点:做养老事业,不仅要有经营智慧,而且要有满腔情怀。按照第七次全国人口普查结果,我国60岁以上的老年人数为2.4亿人,占总人口比例为18.7%。在已经进入老龄化社会的中国,养老越来越成为一种刚性需求。但是,就企业经营而言,从事养老行业虽然也能赚钱,但有两个问题:一是不太容易,二是没法赚"快钱"。面对那么多不同情况、不同需求的老人,如何能够将养老院经营好,既是一种科学,也是一门艺术,更是一种责任。义良在2009年决心投身于养老行业,并将此作为自己未来一辈子奉献的事业,并非偶然。因为他一直感恩这个时代给了自己很好的发展机会,也积累了一定的财富。如今他更希望在商业领域有所建树的同时,能够为社会多做些有意义的事情,做出更多的贡献。养老事业就成为他这个心愿很好的结合点。他投身于养老,是因为养老行业对社会和谐进步有重大意义,更契合了中华民族尊老、爱老、敬老、孝老的社会价值。

在12年的养老事业再创业生涯中,义良从养老事业的门外汉,到带领九如城集团成为中国养老行业的头部企业,正是奉行了"正心奉道"的价值观,秉承"让天下子女尽孝有道,让阳光照进老人心田"的理念。"正心奉道"的"心",在义良看来就是责任心和慈悲心。将老人从家里接过来住到养老院,要全天候、全方位、全过程将老人照顾好,不能有任何闪失。这是承担了一份多大的责任啊!养老事业不同于其他,要有敬老、孝老的关爱之心,虽然为了使企业持续良好运行,也要考虑经济效益,但绝不仅限于此。义良在大年三十去养老院陪老人吃饭,给老人擦身、喂饭,员工们都看在眼里,记在心里,学在行动里。天下可做的事情很多,而做养老是要有一份慈悲心的。要满怀深深的爱意,为许多家庭解决老人照护的难题,用小辈的心态去关爱、照护老人。这可谓切切实实的积德行善,是功德无量的事业。

在中国,养老事业及相关需求非常巨大,政府对此投入很大,不少企业也先后进入,一方面是为社会解决难题,另一方面也是因为看好这个市场。但是在中国做养老,一是要解决文化观念上的阻力,转变"老人进养老院是子女不孝"的错误观念;二是企业要苦练内功,在养老事业的相关标准、制度、员工培训及各种软硬件上多多发力,使养老院真正成为老人的幸福家园。率先进入养老行业、如今又做出卓越成绩的九如城集团,在谈义良博士带领下,坚持不懈地领先探索,在养老行业的很多方面都树立了标杆,建立了良好口碑。

《老子》云:"居善地,心善渊,与善仁,言善信,政善治,事善能,动善时。"用此来表述义良的养老事业再恰当不过了。

正心奉道

所以，回到本文开头提到的义良在疫情暴发时毅然率队前往武汉支援抗疫，相信读者也就不奇怪了。行胜于言。这完全不是义良的突发奇想，更不是一时冲动。我对义良说，他当时可以有很多理由不去武汉，至少不用挺身而出亲自带队。但他义无反顾，身先士卒，率领九如城团队不辱使命，而且全队四十人无一感染，圆满完成党和国家交给九如城的任务，受到国家和省级民政部门的隆重表扬和嘉奖。

本书是谈义良博士对于自己从事养老事业 12 年发展的系统总结和全面思考。我极为欣喜地看到，在"正心奉道"价值观的引领下，老谈的养老事业梦正在脚踏实地地一步步实现。为此，我很乐意为本书作序。

2021 年 8 月 19 日

（本文作者为复旦大学管理学院教授、博士生导师，复旦大学东方管理研究院院长，中国企业管理研究会副会长）

前言

2020年3月5日凌晨4点,又一天紧张而忙碌的工作结束了,和往常一样,我打开笔记本,想将过去24个小时在武汉的经历和感受记录下来。"这是我带领援鄂养老服务队来到武汉的第14天",我这样写道。

看着窗外浮起的一片鱼肚白,我回顾起最近这段日子在几个养老院之间奔波,参与为当地院际长者服务的一幕幕。忽然,我脑海里飘来了昨天团队中的一位小伙子和我交流时说的话,顿觉又充满了力量。"如果不是董事长带领我们支援武汉,我们真的没机会去武汉,为这里的长者奉献自己的爱心。我真的感悟到了什么是学以致用、知行合一,怎样用真心和情怀感动每一位长者。我也体会到了九如人是用实际行动践行养老人的诺言,无论前方有多大的困难,多大的风险,我们依然攻坚克难,用担当、责任体现九如人的精神、意志,所以当国家有难,身为中国人、九如人,我们应该站出来为国家、为民族尽一份力!"

其实,我们这代人是很幸运的,很多好事都让我们赶上了。改革开放,我们见证了国家发展、崛起的过程,参与了经济建设,发展了自己的事业,也获得到了一定的成就,所以我要感恩这个时代,感恩时代给我这么好的机会,也感谢国家给了这么好的政

正心奉道

策及如此和平的环境。自创业以来,我心中一直有个愿望——为社会多做一些有意义的事情。我想办一个医院,救治更多的患者,让他们享受健康、快乐的工作和生活;我想办一所学校,教育更多的人,让他们成为社会的栋梁,为社会的建设多做贡献。

所以,当事业有了一定的基础,需要重新思考未来发展方向的时候,我决定投身养老行业,并将此作为自己一辈子为之奉献的事业。不仅仅因为养老是对社会进步有重大意义的事业,更是由于这一事业与时代所倡导的"敬老、爱老、尊老、孝老"的社会价值观相吻合。于是,在2009年我重新出发,开启第二次创业,再次踏上了在新领域的发展之路。

细细回想这么多年从事养老事业的酸甜苦辣,自己从一个行业门外汉,到如今带领所创办的九如城集团①成为养老行业中的头部企业,我愈发对养老这份事业有了独特的感情。从综合体到四级体系,从医养结合模式到医、康、养、教、研、旅于一体,从养身到养心,从养老到教育,我们在致力于为社会发展解决重大问题的路上,不断探索,不断创新,不断寻找适合中国的养老解决方案,我们一直走在"实践"的路上。一路走来,我对当初所立下的"服务天下长者"的"养老梦"也有了更深刻的认识。

尤其是这次带队参与援鄂抗疫,我感触颇深。当发生了我们不愿看见的灾难时,作为养老行业的领航者,我们选择了勇于

---

① "九如"这个名字来源于《诗经·小雅·天保》。该诗用了九个"如"字,有祝贺福寿延绵不绝之意。"如山如阜,如冈如陵,如川之方至,以莫不增……如月之恒,如日之升。如南山之寿,不骞不崩。如松柏之茂,无不尔或承。"我所创办的九如城有这几个层面的解释:梦想之"城",一个乌托邦式的康养模式在中国落地;幸福之"城",让更多老人享受幸福快乐的晚年生活;孝爱之"城",让孝道的文化传播到我们的老人、员工及家属之间,甚至卷起整个社会的文明。这也是九如城"大家之爱,大爱之城"的根本。

面对。这次危机对于九如城也是一次考验与改进,我们付出了很多,从中也收获了许多,有了更加丰富的实践经验,"最美逆行者们"更是给公司带来了巨大的凝聚力,再次迸发九如城团队的能量。我相信,所有九如人都能够在危机中磨炼,从危机中崛起,成为真正的强者,给社会呈现出一个更好的九如城。

此时此刻,自己从事养老事业以来多年的夙愿再次显现在脑海之中。我希望能够通过著书,对12年来所从事的养老事业进行全面总结和反思,与大家一同分享经验,也为未来国内养老业的发展贡献自己的绵薄之力。

目录 | Contents

第一篇　从心出发

第一章　正本初心 ········· 3
　第一节　正心修身 ········· 5
　第二节　真心无始 ········· 12
　第三节　责任心和慈善心 ········· 17

第二章　坚守恒心 ········· 23
　第一节　坚定战略思维 ········· 25
　第二节　坚持行动力量 ········· 32
　第三节　坚守本心定力 ········· 37

第二篇　依道而行

第三章　尊重天道 ········· 45
　第一节　天时之道 ········· 47
　第二节　乘势而为 ········· 53
　第三节　本质探究 ········· 58

第四章　恪守人道 ... 65
第一节　人之初性本善 ... 67
第二节　百善孝为先 ... 72
第三节　商道即人道 ... 77

第三篇　以德为先

第五章　德才配位 ... 87
第一节　要"驮得住" ... 89
第二节　真诚质朴 ... 96
第三节　仁爱胸怀 ... 100

第六章　积善成德 ... 107
第一节　武汉，我们来了 ... 109
第二节　义利合一 ... 114
第三节　新时代引领 ... 119

第四篇　人为为人

第七章　为天下长者 ... 127
第一节　个人的修为 ... 129
第二节　为何是普惠 ... 132
第三节　九如养老模式 ... 138

第八章　为社会幸福 ... 153
第一节　未来养老 ... 155

第二节　共享幸福…………………………………… 163
第三节　价值成就…………………………………… 166

后记 ………………………………………………………… 173

—— 正·心·奉·道 ——

第一篇

从心出发

第一章
正 本 初 心

第一节　正 心 修 身

宜兴是一座人杰地灵的江南小城,这里的人们民风淳朴,读书之风盛行,孕育了一大批院士、大学校长,被称为教授之乡。生于斯长于斯的我感到十分幸福,荣幸至极。更让我引以为豪的是,我出生在一个知书达礼的家庭,从小父母给我们兄弟姐妹们的家庭教育不仅仅是言谈语句上的说教,更重要的是他们举止行动上的身教,这些成为我今后的成长和发展的精神源泉。长辈给予我的家庭环境,对我关于"正心"的理解、个人价值观的形成等都产生了深刻的影响。

我奶奶略懂一些医术,那时在农村充当"接生婆"的角色。但她从不收人家钱,每次接生只拿一个鸡蛋。遇到乞丐时她都会拿吃的给他们,甚至会将不穿的衣服给他们。所以她去世的时候,全村人给予她"好人"的评价。她教育我们:"帮助别人比去接受别人的帮助好,有能力去帮助他人的时候一定要去帮助。"所以在我们家,"一定要去帮助"这六个字,不论是父母、我、兄弟姐妹,还是我的下一代以及他们的孩子,都必须谨记。

父亲在我心目中和蔼、正直,做事有原则,待人讲礼貌。当年他是村上的生产队长,经常要处理一些邻里街坊之间的琐事,也经常会有人来家里找他解决问题。给我印象最深的是,每每家里有人来,不管是谁,父亲首先要端一张凳子给他坐,再倒一杯水给他,然后开始说理、讲事。我问他为什么这么做,他告诉我这是礼貌,是对他人的尊敬,不管来人带着什么怨气、怒气,我们都应该以礼相待。父亲十分讲原则,处理事情公正、客观。以前,农村有不少烦心琐事。但是,凡经过他处理的事情,都能得到解决,尽管有时他会有些霸道,但是一般乡邻们都还是对他心悦诚服。

母亲在我的记忆中一直是慈祥的。一般来说,关爱自己的孩子是所有母亲都会做到的,但是我的母亲给我印象最深的,是她对我奶奶的关爱。冬天给长者添置衣物和取暖设备、夏天帮长者更换电扇和凉席一类的事,母亲总能提前想到并及时做好,让奶奶得到很好的照顾。这些事情看似微不足道,却对我的成长影响很大。

对我的成长过程影响深远的,除了家庭教育外,学校老师的言传身教同样起到了很重要的作用。对于每个人来说,从小学、中学到大学的求学经历是很重要的。从儿时到成人,我们一定会对某些或某位老师有深刻印象,不仅会记住他们教授给我们的知识,还会因他们懂得许多做人做事的道理。那些德才兼备的老师真正起到了"传道、授业、解惑"的作用。我就很幸运,在求学成长的过程中每个阶段都能遇到这么几位儒雅睿智的老师。

我一直记得我的小学班主任是另一个村的人,他知识渊博又很睿智,语文课上得特别好,是我们小孩子心目中的偶像。不仅如此,他还很温和、平易近人,对人特别好,平时很关心学生们的生活,完全没有老师的架子。即使在批评时,他也总是循循善诱,而不是凶巴巴地教训人,这在当时农村小学中是难能可

第一章　正本初心

贵的。

到了中学,我印象更深的是老师们的业务水平。我的数学老师教课非常好,我一直认为,他是一位了不起的人。我印象特别深刻的是,数学老师的胃不好,每次吃东西都很慢,他说这样比较容易消化和吸收营养。所以,现在每次去我们的养老院时,我都会提醒护理人员多关照长者们吃东西要细嚼慢咽。

后来,我进入复旦大学、上海财经大学等知名高校求学,有幸成为苏东水①、苏勇②等学术大咖的学生。在在他们身边求学的日子里,我学到的不仅是丰富的管理学理论和实践知识,还有严谨的治学态度、高尚的人格魅力……求学期间,不管在理论学习、案例讨论方面,还是论文撰写方面,我都得到了导师们的悉心指导。

尤其是当我在学业上遇到困惑时,老师们总能给予指点,使我茅塞顿开,增强了前行的动力。同时,我

在复旦大学求学的日子

---

①　苏东水,复旦大学管理学科、管理学院奠基人之一,东方管理学创始人,复旦大学首席教授、博士生导师。曾任中国国民经济管理学会会长、复旦大学经济管理研究所所长等职务。

②　苏勇,复旦大学管理学院教授、博士生导师,复旦大学东方管理研究院院长,上海市生产力学会副会长,中国企业管理研究会常务副理事长。

也参加了"东水同学会""苏香门第"等师门同学会,和师友们一起参加各类学术交流活动,增长了学识,也加深了彼此的友谊。这些难得的经历是我一生宝贵的财富,也为我终身学习打下了扎实的基础。

其实,在我们成长过程中,如果从家庭、学校获得的都是满满的正能量教育,无疑是很幸运、幸福的,也一定会朝着"正"的方向成长、发展。在我看来,"正"是一种非常重要的个人品质。为人正气、做事正派、充满正义感,这些都是对人很正面的描述。这三个"正"都来源于人的内心,内心对待事物有怎样的理解和认知,那么行动就会怎样表现出来。行动是内心的外在投射,也就是所谓的起心动念。心是所有事物的起源,"正心"是成就伟大的前提,心灵光明,我们本身所具备的巨大能量就会被激发出来。我认为正心的三种体现就是:正气、正派、正义。

正气是最核心的内在要素,它反映的是人的本性。屈原在《远游》中写道:"内惟省以操端兮,求正气之所由。"文天祥在《正气歌》中写道:"天地有正气,杂然赋流形。"正气表现为浩然的气概、刚正的气节,它是一种传播光明正大的作风或纯正良好的风气,也是一种内心的价值取向,对待事物、问题的总体原则和态度。正气既要符合天理的本质,又要顺应社会和时代的要求。

正派体现在个人的举止行为上,包括做人的原则、做事的风格。做人都要有格调、有底线,做事要规矩、光明、严谨,要符合社会大众的道德意识、思维方式和行为方式。

正义则是一个稍大的概念,一般是指公道的、正当的道理,或公正的、正确的行为。任何社会都应该有正义的原则,这不仅是一种个人的美德,也是建立良好社会秩序的伦理规范。正义是人生的追求，人生的幸福在于正义的普遍实现。正义就是指人在任何时候都要不畏艰难，公平公正地处事。

行为由心出发，我们要先查看是不是真的用心来主持自己的行为。我认为心的出发点一定是向上、向善的，人要有自己的判别心、是非心。眼睛是心灵的窗口，通过观察一个人的眼睛，大概就能了解到他是"正"还是"非正"。如果一直坚持"我就是正的心"，那么眼睛中表现出的精神和实际做出的事情就一定是正气、正派、正义的。

"起心动念"，"念"决定了我们所看到的、听到的、感知到的，"念"又是由我们的心决定的。所谓"一念一世界"，我们看到的一切外在，都是我们内心世界的呈现。所以，不管我在谈论或处理什么事情，其实都是由我内心的原则在进行判断。这个内心出发点应该是正气的、积极的、向善的，有了这样的"正心"，才能产生随后正的行为，正的行为反过来又能强化自己"正心"的效果，最终达到正义的"彼岸"。

"正人执邪法，邪法也正；邪人执正法，正法也邪。"很多时候，我们在做事情时，如果我们的初心是正的，那么即使遇到了一些不好的情境，我们依旧能朝着正确的方向去发展；而如果我们初心不正，那么即便是在做一些善事，也会慢慢走错方向，或把好事做坏。

正是在家庭、学校这样正的教育氛围中，我对"正心"有了深刻的理解和认知。我创办九如城的动因，就是想到父亲的嘱托，想为家乡宜兴的长者们做一些力所能及的事情，没有任何别的想法。也正是在这样的"正心"驱动下，这么多年来，不管是顺境还是逆境，我都在坚持对这样一份正的事业执着的追求，这才有了九如城的今天。

当然,除了家庭、学校教育外,同行人的影响也是必不可少的。我初入房地产行业时,就加入了中城联盟。我从中得到的最大收获是"傍大款,走正道",我觉得后一句更重要。

万科、万通、建业等行业翘楚,不仅规模大,而且都是很正气的公司,为行业树立了良好的标杆。王石[①]、冯仑[②]、胡葆森[③]也都是很正气的行业领袖。王石曾经说过:"在商业活动中万科永远不会出现行贿、受贿的行为。"他也确实做到了。他们的正气不仅为公司、为行业带来良好的风气,也深深地影响到像我这样的中城联盟成员。和他们在一起,不仅能给予我业务上的启发和帮助,更重要的是满满的正能量的影响。

受家乡宜兴学风的影响,工作后,我也一直喜欢读书,坚持不断地学习。从复旦产业经济学硕士,到 EMBA,再到 DBA,行业内都知道我读书比较用功。2017 年有个偶然的机会,在来伊份的董事长郁瑞芬[④]女士的介绍下,我开始系统地学习阳明心学。现在九如城总部的院子里,竖立了一座阳明先生的铜像,每次进去时我都要稍稍驻足并向铜像致敬。有一次,俊儒[⑤]和我聊天时,我向阳明先生铜像鞠躬致敬的时候,好像在和他进行跨时空对话。是的,我感觉阳明心学将是我终身学习的学问。

---

① 王石,万科企业股份有限公司创始人,万科集团董事会名誉主席,曾任中国房地产协会常务理事、中国房地产协会城市住宅开发委员会副主任委员、深圳市房地产协会副会长、亚布力中国企业家论坛轮值主席。
② 冯仑,法学博士,北京万通实业股份有限公司创始人,未来论坛创始理事。
③ 胡葆森,河南省第十二届政协常委,建业地产集团创始人兼董事主席,中民筑友智造科技执行董事、董事会主席,亚布力论坛 2018—2019 年轮值主席。
④ 郁瑞芬,上海来伊份股份有限公司联合创始人、总裁。
⑤ 谈俊儒,九如建设集团董事长。

第一章 正本初心

学习阳明心学给我的最大启示是要修心,通过学习把自己的心修得很干净、很纯粹、很明亮,这样一来心灵格局就会提高。修心其实就是通过不断地自省,明心、净心。当我们自己的心修得比较干净的时候,所看到的就不再是事物的表象,而是表象背后的内涵和本质。就像我们照镜子时,如果上面有雾水,那么怎么照都不能反映真实的面貌。只有把镜子上的雾水擦干净,才能看清楚面孔。

阳明心学有个著名的典故——岩中花树。花不是一直在那,只有心里有这朵花,才能看到其鲜艳。修心还有一个很重要的意义,就是当我们把心修得很净、很正的时候,所有正向的东西都能被你吸引过来。有同类内心的人在一起,就会有共同的话题,从而有共同的价值观。因此,只要我"讲正心的话,行正心的事,做正心的人",就能将更多同样正的人吸引过来,围在你身边正的人越来越多,你的心也就越来越正。所以,坚持正的原则会使我们终身受益。

九如城总部阳明先生的铜像

正心奉道

第二节　真　心　无　始[①]

讲到真心,我认为"真"一定是从心底发出来的,是自然而然就呈现出来的。打个比方,有一天在路上,你突然遇到一个小孩掉到阴沟里了。这时候,不管这孩子你认不认识,你第一时间想到的是——要把孩子救起来。这就是一种从人的天性中自然流露出来的真诚行为。如果我们能够做出这样真诚的行为,随时随地自然地呈现出来,就拥有了真心。

我以前遇到过一件关于礼节的事。当时我出差,在高铁站候车的时候遇到一对年轻夫妇和他们的女儿。小女孩大概六七岁的样子,她找到候车室的椅子坐下来,然后把脚往他们的行李箱上一放。她的父母坐在边上,也没有说什么。看到这情景,我想了一会,还是主动上前和他们搭讪。我先是随便聊聊拉近关系,然后对他们说:"有个小小的建议不知是否当讲?"孩子的妈妈马上意识到可能他们有什么做得不妥的地方,就马上说可以,我就轻轻地告诉他们:"你们刚坐下时,我看到孩子坐的样子,就想告诉你们女孩子不能这样坐,因为脚翘得高高的,又穿着裙子不太合适。小孩子不懂,你们做家长的应该教育她,这个是父母应尽的责任。"孩子的妈妈听到后,脸一下红了;爸爸则连声向我表示谢意。当时我说得比较轻声,也没有让他们觉得太尴尬。

其实,我们平时身边会遇到很多这样的事情,出于人性真心

[①] "真心无始"指天真的心不用创造,原本就具有。

第一章　正本初心

的帮助行为,不仅是自己真心的一种体现,也是对他们真诚的关心。就像我上面的故事,虽然只是一件不起眼的小事,但也许我的建议就帮助这对夫妇教育了孩子,他们今后一定会更关注孩子的行为举止。

当看到不好的事情时,出于真心就应该去纠正这些事情。做事的时候,应该出于真心考虑哪些事情是自己应该去做的,哪些事情是不应该去做的。不仅自己不应该去做,而且还应该劝导身边的人不去做。因为你身边的人做坏事会影响到你。把不能做的事情说清楚,这是做事的原则。

在我看来,真心做事的原则,对于从事养老事业来说是非常重要的。因为,我们服务的对象其实大多数是和我们没有什么血缘、亲缘的普通长者。在这样的情况下,用真心对待他们,努力让他们拥有幸福的晚年生活,而不是仅仅为了获取商业利益,才是养老事业的真正内涵。但是,这样一句看似很简单的话,依然让我这样一个从事养老事业十来年的人感触颇深。

真心对长者好,不仅仅是言语上的一种表达,更重要的还在于由心出发,内心要真正把对长者的关心放在首位。在九如城的公司大会上,我经常会和员工分享"心生万法"的道理。任何问题都有解决的办法,即便是一些看起来很复杂的事情。因为,只要遵从内心最真实、最纯粹的想法,让所有事情从心里流淌出来,便可找到解决问题的路径。这反而是最简单、最直接、最有效的方式。

对于养老行业的从业者来说,真心对待长者是处理一切与长者们相关事情的源头。有时,真心就是简单而纯粹。2020年入冬,寒潮来得早、来得急、来得猛,应当是近几十年中最冷的天

正心奉道
▶▶▶

气。当我通过网络、电视等媒体了解到这些信息的时候,我的第一反应就是:"我们院里的长者们该怎么办?"天气骤变、气温骤降,长者们是最难适应的。所以,我立刻联系各大区的总经理,让他们提醒各养老院的院长们,一定要及时注意院内长者的保暖问题,看看院内的空调、地暖等设施是否正常;在寒潮还没完全来的时候,抓紧做好御寒防护,做好保暖工作,提醒长者们及时增添衣物……所有这些想法,其实都是出于我的本能,既是我从事养老行业这么多年来的一种职业素养,也是从自己心底里流淌出来,没有粉饰过的真诚想法,那就是自己始终抱有"真诚对待天下所有长者,让他们能够享受幸福的晚年生活"的初心。

和所有商业项目一样,养老事业也存在项目投资、规划设计、运营管理、利益回报等一系列商业因素需要考虑。但是对我来说,从判断某个养老项目是否值得投资,到养老院的规划装修、后期运营等一系列环节,所有的商业活动都应该围绕"真心对待长者"这样一个原则来开展。因为我始终装着一颗关心长者的真心和初心。对他们的关怀是我内心自然而然流露出来的,我不是以一个商人的身份从商业视角去考虑项目的得失。

在九如城发展初期,出于战略扩张及市场占有率等方面的考虑,我们会在一些区域多拿养老院项目,不管这些养老院的条件是否满足项目的要求。但是后来,我会逐步放弃一些条件不符合要求的养老院。其实,这样做并不符合商业规则,因为只要能够合理控制运营成本,条件差的养老院同样也会有相应的回报。投资回报对于处在发展阶段的公司来说至关重要,特别是在行业竞争较为激烈的情况下。之所以放弃这些项目,是因为如果一味地为了商业利益而控制经营成本,降低员工工资的话,员工工作就会不踏实，他们也不能全心全意地服务长者，长者享受到的服务质量就会下降。但如果将提高的成本分摊到住院长者的身上，很多人也承担不起，到头来还是无法做到真正对长者们好。所以，我就只有放弃那些项目。

我们的初心要真，我们的行动也要真。其实让别人感受到我们的真心并不难，行动可以证明一切，唯有真心待人，才能得人真心。真心要求我们对任何事情都要用心、细致。不去行动，就无法去为他人赋能，将至诚之心付诸行动，才能推动心与心的连接。

2020年1月，我刚刚知道武汉有新冠肺炎疫情，就马上开始思考这种病毒会对长者产生何种影响，因为老年人的呼吸系统功能相对较弱。想到这儿，我马上组织团队与上海的专家们讨论疫情对长者的影响。专家一致认为影响很大，于是我们当即决定暂时关闭九如城旗下所有的养老院。事后证明，我们这样的举措是非常及时、有效的。

1月18日召开集团的年会，19日我就组织高管们听取了专家组成员的意见，20日就以电话会议的形式召开防控大会。我们在集团建立了三级防控体系，在院内实行了封闭管理，从而隔断传染源，并且立即组织技术力量开发了探视平台，让长者能在疫情期间与家人正常沟通，减轻疫情带来的心理影响。与此同时，我们抓紧调配资源，以保证所有养老院疫情防控物资及时到位。对外，我们也联合微医系统，推出全方位的免费在线问诊服务，让大家可以足不出户从容在线就医。

1月23日，全国开始采取紧急应对措施。一般养老机构大概是在春节以后开始实行封闭式管理的，我们比其他机构至少

正心奉道

提前了一个礼拜进行疫情布控管理。这倒不是说我有什么先见之明,其实这就是我出于真心的一种本能反应,就是听到有可能与长者们相关的事情,第一反应就会想到而去做的。这样才能真正对长者们好。因此,真心的价值观最终是要在做事的过程中体现出来的,特别是在一些关键的时点上,一个微小的行动都能体现出是否在践行这样的价值观。

2020年上半年,由于疫情给企业带来较大的影响,有段时间社会上在讨论企业员工主动减薪的问题。当时,我们公司总部没有提出这样的要求。但是,大连区域率先在我不知情的情况下,主动提出为了公司自愿减薪,并且得到了很多其他区域的积极响应,最终大概全国95%区域的管理人员都自愿签订了减薪协议。我知道此事后非常感动,因为我能够真切地感受到九如城员工愿意和公司同舟共济的真心,也为我们九如城员工有这样的真心而感到骄傲。为此,2020年年底我们专门设置了一个"同舟共济奖",把工资原封不动地发还给所有自愿减薪的员工。设置这个奖,我的想法很简单、很纯粹,就是"不能让老实人吃亏",那些愿意与公司共患难、共发展的员工,公司理所应当给予他们真心回报。

后来,也有部分平时工作表现很积极,但没有参与减薪的区域管理人员,在看到我们发这个奖的时候,主动私信问我:"公司当时没有受到什么损失,为什么要我减薪呢?而且平时我在公司工作表现很好,也很辛苦……"当然他们这样的想法也没错。对我来说,主动减薪这件事情本身并不重要,但是在这样的关键时刻,这件事情能够更直观地反映出员工们对待公司、对待事业的态度和认识,是不是真心对公司,是不是真心践行我们平时宣讲的价值观。"真"往往不是语言能够体现出来的,而一定是对方能够感受到的能够为他人、组织带来真诚回报的行动。"一语不能践,万卷徒空虚",当这些"真"通过具体行动展现出来的时候,大家在心里是一定能够感受到的。

在我看来真心是做人做事的原则,做人要真诚,做事也要敬业。做事敬业就是要把承诺的事情做好,做到惟精惟一。惟精惟一的核心在于把这件事情做彻底,并且把做事的方式呈现给社会,倡导大家用心做事。这样的话,我们就会在身边营造都用真心做事情、精益求精做事情、勤奋做事情的环境。那么,我们身边就没有怠惰因循的情况,没有投机取巧的现象。那么,我们这个群体就会影响更多的人,带动起周边群体、社会等朝着正能量的方向发展。

第三节　责任心和慈善心

辞海中对责任的解释是"所应做的本分",责任心则是指"对事情能敢于负责、勇于主动负责的态度"。就我的理解来说,责任心是在所有成长过程中锻炼出来的担当。在成长过程中,只有敢于担当,敢于做事,甚至去承担超过原来认为的自己能力范围中的事情,才能树立责任心。这和我平时在马拉松长跑过程的感受是一样的。马拉松选手也不是天生就善于长跑,能一下子跑那么长的距离、那么久的时间。即使是能够顺利完成马拉松的选手,每次跑到 5 公里左右的时候,就需要开始挑战身体极限,用意志力来坚持了。跑到 35 公里的时候,已经是对人生理

正心奉道

极限的重大考验。这时只有坚持、坚持、再坚持,才能最终顺利完成目标。

我想责任心应当成为每个人成就事业过程中的一个初心。越有责任心,就越有担当,就越能有成就。承担了大责任,得到的成长就越大。因此,培养自己的担当精神其实就是在培养责任心,这种责任心本质上就是从心底发出的纯洁的担当精神。我的创业经历以及后来九如城的成长过程其实也是我的责任心逐渐扩大的过程。在这个过程中,我对养老事业的理解、对养老事业的投入也在不断发生着变化。

最初进入养老事业,创办九如城是为了完成对父亲的承诺,做一些对家乡长者有益的事情。所以,在地产事业如日中天的时候,我回到了宜兴创办了九如城公司。当时我想着宜兴有100多万人口,60岁以上的长者大概23万,到2035年如果老龄化率在40%左右,也就是有40万长者。于是,我就设想建立一个基本能保障40万左右长者的养老体系,为家乡宜兴的长者做好服务。

几年后,当我把宜兴的事情做好后,就开始思考:这样的养老模式是不是也可以复制到其他城市?这样就可以让更多的长者受益。当胸怀天下长者的幸福,真的视天下长者为父母,能够让全天下的长者们都能享受到这个服务体系的时候,我所要承担的责任不就更大了吗?在那个时候我就更加感到自己的责任之重大了。在我看来,责任心是在我们的责任不断变大的过程中培养出来的。

养老事业不光要有责任心,还要有慈悲心。责任心和慈悲心对养老行业的发展有很大促进作用,因为它们体现了这个行业的本质。慈悲心实质上涉及对于人本性的认识和理解。古往今来，对于人性本善还是本恶，有很多不同的理解和假设。我支持人性本善的观点，认为每个人应该天生都有仁爱之心，每个人原本所有的心都是善良的，"人心本善"实质上就是个人的怜悯慈悲之心。就像我前面提到的，一个孩子掉到沟里，路人不问缘由去救他，也是"人心本善"的外在表现。

我还认为，所有人出生的时候，上天给予他的慈悲心是一样的。孩子的眼睛是明亮的，因为他们心里是光明的，没有被污染。但是，有时我们又会发现，有些人的慈悲心越来越少了，这是为什么呢？人就像一个容器，如果里面不好的东西超过了好的东西，容器就变坏了。所以，那些慈悲心变少的人，对于物质、对于利益、或对其他东西的欲望逐渐超过了原有的善良和慈悲心，最终就变得不善良了。这样的情况可能是受到他们成长的环境潜移默化的影响；他们所接受的教育，如果出现一定的偏差，也会使他们原本善良的心被慢慢污染，他们的私欲就会不断变大。长此以往，最终他们的慈悲心在不知不觉中减少，并为贪欲所覆盖。

这个道理很简单，就像水多了茶就淡了，水少了茶就浓了。如果我们认为每个人心的容量是一定的，那么当他的贪欲比较少的时候，慈悲心就会大大增加。慈悲心也不是一成不变的，如果要一直葆有慈悲心，就需要不断地反省自己，不断地减少内心中的私欲，让自己内心回归初心，变得更加明亮。减少心中的贪欲，就能增加内心的慈悲心。在这个过程中，需要经常反省自己做了哪些事情，哪些事情可以做得更好，哪些事情做得不对应该纠正。

正心奉道

生活中、工作中有很多这样的场景：我们在做事的时候，觉得当时的做法是最好的，但是一段时间后，当我们反思的时候，就会发现当时的决策可能并非最优，可能还有更好的解决方案。这其实就是反省自己的实际意义。修心过程中的反省也是同样的道理，不断地回头清洗自己内心世界，将贪欲等一些不好的想法消除掉，把内心擦得更明亮。这就如同平时洗澡一样，身体要清洗，内心其实也需要不断地清洗。

从更高层面来说，慈悲心不仅是通过减少贪欲来增加的，还可以通过增加自己的心量来增加。当我们增加心量的时候，我们的慈悲心就变得更大了。怎么样来增加心量呢？其实就是考量我们自己心里到底能够装下对多少人的关心。通常人会通过和他人关系的亲疏远近，来判断和决定对他们的关心程度。与自己有最亲密关系的是血缘，慢慢扩展到姻缘、亲缘、学缘、友缘、事缘……如同扑向沙滩的海浪一样，关注心可能会随着关系由亲到疏而递减，对他们的关心和慈悲心也会随之而递减。对于和自己没有什么关系的人，我们的关注心就更少了。

举个简单的例子，天下父母对子女的付出最无私，从他们的内心愿望和外在付出来看，没有一个父母不希望子女好的。我们对自己孩子的付出不求回报，我们父母当年对我们同样如此。此外，我们身边最亲近的人，如祖父母、叔叔阿姨们，对我们的付出也基本是无私的。这些关心我们的人心里天天对我们的祝福，如同有正能量输出的磁场一样影响我们的心量。他们人数越多，影响就越大，这种影响最终会慢慢地扩展我们的心量。按照这样的道理，如果我们的初心是视天下长者都为自己的父母，对待长者像对待自己父母一样好。那么反过来，天下所有的长

第一章　正本初心

者也都会自然而然希望我们好，天天为我们祝福，给予我们满满的正能量。这个正能量又能不断地把我们的心撑大了，我们的慈悲心也就会不断地增大。

养老行业很多时候没有外在的要求。没有人要求我们必须要去了解长者们需要什么物质条件、生活环境等，关键在于我们有没有真正将他们装在内心，有没有对他们始终抱有一颗慈善、慈悲的初心。从这个初心发出对长者的真爱之心，才能在平时的行动中真正体现出对他们的关心和关爱。到头来，这种对他们的真爱之心也能够慢慢转化为他们对我们祝福的福报。所以说，心里装着长者，真心关爱他们，其实不是长者的需要，而是我们自己的需要。心里装下多少长者，就会有多少福报。这些来自长者们的福报，最终都会转化为我们的正能量。

将慈悲心和之前提到的责任心结合在一起来讨论，本质上我想通过创建一种有责任心的商业模式，来解决当前社会的养老问题。我们都知道，随着社会的发展，老龄化和养老问题会越来越严重。未来5~10年，全国老龄化率会超过30%，约1/3的社会人口将是老年人。如果能够为社会养老问题提供解决方案或建议，那么我们就不仅仅是服务了多少长者，更是承担了社会重大责任。

但是，没有爱心、没有情怀、没有责任心、没有慈悲心，是绝对做不好养老事业的。对这份事业，要有爱，才能付出真心，才能去做好这份事业。如果给真正懂行的或者真正对客户好的养老企业做个排行，九如城一定名列前茅。因为九如城信奉的价值观是发自内心地热爱养老事业，是去传播养老慈爱心。因此，到九如城来工作，本质上是来奉献，为天下长者奉献，而不仅仅

正心奉道

是为了一份工作。九如城致力于和养老行业中最具爱心、慈善心的员工共同成长、共同发展。我一直极力倡导公司塑造这种氛围,就是想要形成这样一种势能,去影响公司里每一个人。

2019年年终,我们做了一个公司内员工调查。有些员工直言,一开始并不太懂得怎么才能做好养老服务,更多是把从事养老服务作为谋生的手段。但是当他们到了九如城后,接触到我们的价值观后,慢慢地开始喜欢上了养老这个事业。因为在九如城,做养老是发自我们的初心,是真实的养老、纯粹的养老。在九如城做养老需要的是简单而纯真的人,那些对老人们有真爱的人。

第二章
坚守恒心

第一节　坚定战略思维

我喜欢跑马拉松,这是我为数不多能坚持一辈子的习惯之一。跑过马拉松的人都知道,这项运动其实更多的是一场对毅力、恒心的考验。不管是业余选手还是专业运动员,哪怕体质再好,事先准备再充分,在达到终点之前,都会遇到几次挑战生理极限的时段。这时如果想要中途放弃,其实可以找许许多多的理由:乏力、疲劳、口渴、抽筋、气喘……而只有那些真正的强者,有毅力、恒心的坚持者,才能充分享受冲过终点那一瞬间带来的无以言表的愉悦。

有一次,我和书友会的朋友分享收获时,他们问我户外运动累不累。我说当然累。他们又问那么累为什么还坚持运动并记录。我说不坚持就不会看到整个过程,当时把它记录下来,回来才会看到你当时走过的感想。有一次,我和同伴在戈壁滩徒步,历尽艰辛到达了终点。我对他们说:"今天的终点应该是明天的起点,今天的起点是昨天的终点,我们要比原来目标更高、要求更严,这样挑战更大,收获也更大。"我们的人生同样如此,要不断地成长。我们要把终点和起点好好地连接,不断地去变换我们的角色、提升我们的要求。

我之所以喜欢马拉松和登山,就是因为喜欢享受这样一个遇到困难而始终能够坚持的过程。把这种运动过程中积累的意

正心奉道

志、恒心带到工作中去,那么做所有事情都会很有韧性,都会始终保持积极向上的态度。很多时候,我更想把马拉松和登山看作是一种人生的历程。生命的缩影无外乎起点和终点,但是体会中间这段咬牙坚持的恒心毅力,才会让最终的结果显得那样的精彩无比。

马拉松和登山运动需要恒心和毅力,商业活动中更需要有持之以恒的精神。恒心是事业成功的基础。对于任何一位创业者来说,创业过程大多数时候实际上是对自我恒心和毅力坚持不懈的拓展过程。在创业的旅途中,热情、资源、决断等都是必需的。有了恒心、毅力的加持,那么就会多一份自信和勇气,就不会轻易被困难和问题打败,就自然而然有更多实现梦想的可能。

恒心就是持之以恒的毅力,坚持达到目的或执行某项计划的决心。阳明先生曾说过:"只念念要存天理,即是立志。能不忘乎此,久则自然心中凝聚,犹道家所谓'结圣胎'也。此天理之念常存,驯至于美大圣神,亦只从此一念存养扩充去耳。"一个人在确定了奋斗目标以后,若能持之以恒,始终如一地为实现目标而奋斗,目标才可以达到,世上无数成功者证明,有恒心才能战胜前进道路上的荆棘坎坷。立志固然重要,但须有恒心去践行。世上没有任何一件事情可以轻易获得成功,轻松可以完成的一定不算什么事情。我们坚持做一件事,按照一定的标准去做,就一定会达成目标。培养这种精神必须有一些好的习惯,并且将这些习惯变成优秀。

细细解读恒心,我觉得"恒"强调两个方面。

第一,做的过程中遇到困难要坚持。因此恒心首先就是要为每一件自己认为值得的事情、事业去奋斗,争取更大的成就。要成就伟大的事业一定会经过各种各样的苦难、困境、挫折,不经过艰苦卓绝的长期奋斗而成就的事情一定不是伟大的事情。唐僧师徒四人不经过九九八十一难的考验,取得真经的成就不会显得那样伟大。因此,想要成就伟大的事业,就意味着需要比平常人吃更多的苦,经历更多的磨难,承载更多的责任,还有不计其数的压力和挑战。

第二,"恒"还代表了长期主义,即长期的计划、长期的目标。长期主义意味着,在做事情的过程中,虽有波折但不言放弃。因为做任何事情,阶段性的波折都是很正常的现象。此外,长期主义还意味着有长期的战略、长期的规划、长期的行动。就是一直在做事、一直在行动。这两个方面本质上都是恒心的表现。恒心也不是一条道走到黑的那种坚持,不是钻牛角尖的固执。持之以恒,既要有在困难面前不低头的精神和勇气,也要有抵御物质诱惑的毅力和修养,更要有不断学习、提升自我以解决问题、克服困难的能力。

长期主义是时间的概念,也是思维的概念,更是我们行动的呈现。时间是我们最好的朋友,也是最好的见证者。时代在快速地发展,我们要想将时间流逝的速度变小,前行的步伐就必须加快。行稳致远,勇毅笃行,方能真正展示事业的价值。我们要用长期主义的思维逻辑规划我们的心力路程,从心到脑,再至行动,最终实现长期主义的意义。

长期主义是九如城最重要的核心价值观之一。从战略布局到项目运营,再到人才培养,我们的一切行动都遵守这个原则。我们最初认为的核心价值观是顾客主义、员工主义。这两方面

正心奉道

充分实现了,长期主义也就自然而然地实现了。对此,我的认识是:只有好的员工去提供好的服务给客户,才能呈现客户主义,再呈现客户的价值。客户将价值回馈给企业,企业长期发展,最终成就企业的百年梦想。

顾客主义:满足客户需求是基础,引导客户需求才能成为一个好公司,帮客户创造需求才是一家伟大的公司。在九如城,我一直强调要以顾客为中心,以顾客需求为导向。我们要有这样的思维理念,帮助客户规划好他们内心深处真正需要的东西,挖掘他们潜在的需求。满足客户需求方面,我们创造性构建了四级体系、两全模式来全方位全覆盖地保证客户的需求。引领、培育客户需求方面,我们制定九如城发展战略,其核心是两个直达——直达长者、直达家庭。这就要求我们突破瓶颈,创造蓝海,形成良性循环。

如何创造客户需求,2019年下半年以来我一直在思考这个问题,这也是九如城未来的发展方向。我们推出了九如城鲲鹏计划,它是社区战略等一系列战略的组合,从养老到教育,从养身到养心,从关心长者到关心家庭,从养老全服务到家庭全服务,致力于让生命更加有价值,让家庭更加圆满。我们聚焦客户价值时,一定要将客户的利益放在首位,只有这样,我们才能真正引领行业。

员工主义:员工是企业的参与者,更是共同的创业者。我们要让亿万家庭幸福圆满,首先要让我们的员工幸福圆满。员工是企业最大的资产,未来企业的估值、价值、规模,都取决于有多少员工。没有员工的支撑,就无法达到企业价值的最大化。企业的每一个界面都是由员工呈现,每一位员工,都是企业文化

第二章 坚守恒心

和品牌形象的代言人。每一位员工的努力凝聚，最终都会在企业、在行业、在社会中彰显九如文化的力量。

员工是我们服务品质的第一要素。我们的服务品质源于员工，他们是最先接触客户的，对于客户的需求最有发言权。未来我们一定要打造一支稳定、优秀的一线服务队伍。员工稳定性是企业最好的成长动力，一线护理员的稳定性决定了养老院的服务品质和成长。因此，我们要真正实现员工的价值，让每一个员工明白自己价值所在，体会到职业的崇高性。我们也要让员工来经营，帮助他们发挥每一个人的潜能，实现个人成长。同时我们也要关怀员工，真正将我们的幸福体系做到位，帮助我们的员工解决一些实际问题，并以幸福体系为基础，让所有的员工真正感受到企业的温暖。

九如城这么多年的发展经验告诉我，坚守恒心还需要"精"。我们要做到惟精惟一，"精"就是专业，专业是在从事的领域肯钻研，不断去探索、研究，想办法把事情做到这个领域中的最好。"一"表示专一，要求我们做事不要三心二意，要一心一意去做。无论什么事情，只要用心去做，专业地去做，就一定能够做好。因此，在近来的思考中，我觉得在顾客主义、员工主义前面还可以再加上两个主义——专业主义、务实主义。

这两个方面是宋志平[①]给我的建议，其核心就是要"专"。有一次，陈明哲老师[②]也问我："你的专业是什么？九如城的养

[①] 宋志平，中国上市公司协会会长、中国企业改革与发展研究会会长；曾任中国建材集团有限公司党委书记、董事长，中国医药集团总公司董事长。
[②] 陈明哲，美国弗吉尼亚大学达顿商学院讲座教授、国际管理学会（Academy of Management）暨战略管理协会（Strategic Management Society）终身院士、著名企业战略专家、动态竞争理论创始人。

> 正心奉道

老专业是什么?"我思考了很久,最终认为应该是我们的康养方面的专业研究。全中国康复、养老综合研究领域最专业团队就在九如城。我们每年发表养老、康复等方面的论文的数量、质量在全国同行中都名列前茅。2021年,我们康复科研创新工作取得了很好的成绩。有3个项目被评为市级科研项目,1个项目被评为校级科研重点项目。

此外,我一直认为保持变革也是九如城长期主义的重要组成部分。特别是养老这样的传统行业,如果不变革,就会很快被这个不断进步的时代所碾压。只有用常变应对万变,用小变促成大变,用内变适应外变,用变革打破边界,才能重新定义未来,让爱无限延伸。所以,在九如城内部运营管理中,我们也始终倡导用组织变革促进团队变革。例如,从绩效考核向合伙人制度转变,从向下管理到向下向上双向管理。通过这些变革激发公司内部创新力,从而保持九如城积极向上的发展活力。九如城将用未来三年时间,彻底做到组织扁平化,集团到院际二级管理,以灵活应对各种变化,适应时代发展。

最近几年,随着养老行业的不断发展变化,我认为九如城的长期主义价值观中还应该加入"共创共享、共生共荣"的概念。共创共享是企业乃至行业不断创新发展的一个重要底层逻辑。在人类命运共同体的大背景下,企业的价值与行业乃至社会价值趋向统一。一个组织依靠别人或者单打独斗的单向发展思维很难具有可持续性。真正能够持续创造社会价值的方式一定是双方或者多方共同创造价值,合作的各方最终也会共享时代发展带来的红利。九如城这几年一直在积极进行数字化转型,探索着这个行业未来发展方向,我们也愿意与更多的同行分享九

第二章 坚守恒心

如城探索的成果,赋能行业。我们也希望有更多的同行一起营造共创共享的行业氛围,为行业发展贡献力量。

这个时代就是共生的时代,你中有我,我中有你,谁也离不开谁。中国经济发展离不开全球市场,全球经济进步也离不开中国的贡献,只有共生才能共同繁荣,人类才能享受时代发展的成果。养老行业因为市场空间太大,每家公司都可以寻找自己合适的目标市场,走向产业化或是区域化都可以有较好的发展。所以,我们认为养老行业没有竞争对手,只有合作伙伴。只有行业好,才有企业好。我们要赋能行业,与行业共同成长、共同发展、共同繁荣。

因此,我认为长期主义的终极目标是服务社会、回馈社会、奉献社会。为社会多做些贡献,社会一定会认可你,因为付出必有收获!总之,在九如城,我倡导的长期主义就是以"咬定青山不放松"的韧劲坚守初心,以"功成不必在我,但必定有我"的境界担当使命,朝着正确的方向前行,最终实现我们在养老行业中的终极目标。

为此,我制定了三个九年计划来规划发展九如城。第一个九年计划是2009—2017年,分别是三年研究、三年建设、三年运营;第二个九年计划是2018—2026年,分别是三年超越、三年引领、三年国际化;第三个九年计划,是2027—2035年,九如城将进入志愿者时代。这三个九年计划正好符合国家中长期规划,是积极应对人口老龄化的制度建设完备的时间。这三个九年计划也指引着九如城向前发展,以完成我们心中伟大梦想。

正心奉道

第二节　坚持行动力量

每一个企业家都会遇到迷茫，这时候不妨停下来问问自己的初心：为什么要创立这家公司？这家公司的终极目标是什么？自己又有什么样的使命？这个问题对我来说很简单，我创立九如城的初心就是"情怀与普惠，责任与担当"。

做养老是我的第二次创业，当我不再过多考虑生存及财富的时候，就更多地怀着为社会做些有意义的事情的情怀，希望能把手上资源回馈给社会，惠及更多民众。所以，当我个人能为这个社会多担当些事情，我就觉得特别伟大崇高，尤其是不从个人得失去做事，就更加愉快！回顾九如城的创业经历，我最大的感受就是对养老创业初心的坚守。这份初心坚守的恒心来源于什么？来源于个人的自信心，我们对自己所要做的事情有信心。

每个人的人生道路并不平坦，不管遇到什么困难，都要学会坚持，放弃了会一无所有，只剩下失望和叹息，坚持就会有希望和欣喜，只要自己有信心，就肯定会成功。要坚持做成一件事情，首先要认为这件事情是对的，并且要很有信心，相信自己的决定，再一步一步去完成。

有的时候，坚持会有压力，也会让人失去自我，但只有坚持下去才能达到我们的目标。今天没完成，那么明天、后天必须要完成；今年没完成，那么明年后年也一定要完成。要相信事情一定能够成功，尽管这个成功是需要经过艰苦卓绝的努力，且需要经过较长的时间考验。在做事的过程中，个人的恒心能充分体现。对所做的事情不怀疑是有自信的体现。

那么，自信心又来源于什么呢？自信心首先来源于这个事情是不是符合天理、符合人性、符合社会需求，有没有违反人性，有没有违反天理，符不符合市场规律。

进入养老行业这么多年，我看到的负面案例也有不少。一些公司打着养老的噱头去做养老地产，本质上还是卖房子、卖保险、卖商品。也有一些养老公司通过出售会员卡来向长者集资，甚至一房多卖。这些公司不仅初心就错了，而且通常也走不远。没办法坚持下去的原因就是这些事情本就不符合天理、人性。这些公司可能自己都没想到未来应该是什么样的，他们只能用这种看似便捷的方式来收割短期利益，去做那些不符合天理、人性、社会发展的事情，终究不能为自己带来事业上的恒久自信心。

对所做的事情要有执着的坚持。当所有人怀疑的时候，当艰难困苦的时候，你能不能坚持？对于这一点，我是有切身体会的。当年我从地产行业转向养老行业发展，并不是一帆风顺的。有没有人反对？当然有！公司很多人，特别是部分高管非常不理解。在他们看来，公司在地产行业经过这么多年的努力，克服了许多困难，已经取得了很不错的业绩，在行业内也有了一定的知名度、口碑和资源，而且彼时的地产行业如日中天，有着相当不错的发展势头，这个时候转而涉足一个与公司主营业务相差这么大的未知行业，太不现实了。当时公司主要的几位高管，都觉得我要做养老不对，坚持要继续在地产行业发展。有两三个资深的高管甚至选择离开我们的团队。

那时我的境遇真的很难，是家人的支持给了我莫大的勇气。

正心奉道
▶▶▶

这个时候家人的支持特别重要,所以我一直感恩家庭。父亲对我所做的决定也并非100%认可。他没有当面和我说什么,也没有来单位说什么,只是告诉了我的儿子谈俊儒和他太太,让他们要多体谅我,因为新创一个事业真的很辛苦、很艰难,开始要投入很大精力、财力、物力,又暂时看不到回报。还有就是俊儒的支持,他什么时候都全力支持我。他说:"老爸你决定的事情是对的!"这个很重要,因为以前有很多事情我只有自己一个人来决定。为了不给家里人增加负担和压力,我一般也不会和父母和爱人说。但现在,俊儒长大了,我可以和他一起讨论,交流一下想法,分享观点。他是85后,和我们60年代的人肯定有不一样的观点。例如,当年他坚持公司的名字采用"九如家",认为这样能够更好地体现养老中家庭、亲情等因素。我当时是反对的,因为我考虑到和当时市场现有某些公司名字有一些相似性。但现在看来,说不定这件事情他是对的,因为养老的精髓就是体现出家的感觉①。

　　身边的人质疑你的决策,怀疑你的想法,有不同看法的时候,怎么去坚持?怎么才能保证定力?我觉得我们的战略定力在于对自己所确定战略的自信心。但是需要注意,不能有盲目乐观的自信心,这种自信心还应该来源于对所涉入行业本质的认识程度。对于行业的认识要深入本质而不是停留于表象。对一个事情本质的认识程度来自心灵的高度。如果用更大的心灵格局来认识这个行业,那么对于这样的行业内涵的理解就会更

---

① 最近有两个成功收购案例,实际上采用的模式就是谈俊儒早期坚持要做九如家的模式——居家。当前的养老行业中,也有类似机构的运营和他当初提出的模式一样,发展也很好,资本市场也很看好,几轮下来已经融资了几千万美金。

第二章　坚守恒心

深入、透彻，对于这个行业发展前景就更有信心。

当然，光有坚持的想法还是远远不够的，还要有坚持的行动。我前段聆听了宋志平的跨年演讲。我们之前见的不多，这是我第二次比较深入地和他接触。我们聊了很多，非常投缘，他当面送给我几个字——"行业痴迷者"。字虽不多，但是很实在，我很有感触。他对我说："老谈，你对大势的判断是对的。第一，中国越来越好，在世界大经济形势圈中，中国形势最好，这是大势。第二，现在和未来国内养老行业的空间非常巨大，没有天花板。"

他和我一直从国际形势，分析到国内形势，再到行业形势。然后，他问我想怎么去发展九如城？我告诉他，九如城将首先深耕现在的区域，从而增加市场集中度，快速在长三角、珠三角等区域做出示范效应。我打算先把这两个区域做透，提高市场覆盖率，然后再逐步向外进行扩张。这样的扩张模式得到了他的认可。这种模式基本符合未来 10 年发展的规划。他说："接下来你要做的一件事情，就是要把品牌做出来。现在是规模带品牌，公司未来要考虑怎么让品牌带规模。"

对于怎么用品牌来引导九如城发展的问题，其实我也想过。在我看来，养老行业最核心的表现是产品和服务，通过产品和服务可以进一步提升品牌知晓度、创建品牌美誉度。那么怎么样把九如城的优质服务体现出来，达到提升品牌知晓度、美誉度的水平。我认为我们优质的服务来源于护理员，因为一线护理员们的水平就体现了整个九如城养老服务水平。因此，九如城需要更多的优秀护理员，而不是普通护理员。那么，怎么把一线护理员培养成优秀护理员？我觉得可以有以下方式。

正心奉道

第一,通过培训提升他们的服务能力,使他们对长者的护理品质既达到专业标准,又富有人情关爱,使长者们能够享受到在家一样的养老的生活感觉。

第二,通过优胜劣汰的机制,把最好的护理员留下来。要让行业中最好的护理员都到九如城,好的护理员多了,九如城的养老服务质量自然而然地就上去了。服务质量上去了,九如城的口碑就建立起来了。口碑好了,那么入住率就提高了。这就是一个很简单的循环。

第三,优秀护理员的培养还需要好的激励措施。我认为好的激励体系不应是对所有人加薪的普惠制,而应该是对优秀员工的一种奖励。特别是对一线的护理人员来说,工作中宣传情怀和生命价值的前提条件是要保证他们的收入和待遇。他们的诉求简单而实际,就是希望每个月都能丰衣足食,放在口袋中的钱稳定增加。

九如城设有员工幸福计划,即员工工作 15 年以后,公司负责他们的养老。但是,员工却往往视而不见。因为对他们来说,每天的幸福保证才是最实际的。为此,我们专门设计了"司龄工资",根据工龄每个月 50~200 元不等,每年按照翻倍递增,5 年封顶就是 1 000 元/月,一年就能多拿 1 万多元。这种激励是很实在的。此外,我们还制定了三年员工行动计划,预期要将护理员平均工资涨到行业内的 1.2~1.3 倍,通过这种方式将九如城的护理员体系充分稳定下来。塑造九如城服务的品牌形象、提升九如城的品牌价值,就需要有长期坚持的计划。因此,我们做了三个三年的行动计划,而不是仅仅三个月的计划。有了这样的坚持,等十年以后,九如城就是养老行业内服务品质的标杆。

第三节　坚守本心定力

通常我们讲在某个行业坚守恒心，就是坚持主营业务扩大规模，实现从量变到质变的飞跃。例如，养老的床位数从几千张到 1 万张，从 1 万张到 3 万张，再到 5 万张。这看上去好像是坚守恒心的结果，但其实不过仅仅是一种过程。坚守恒心的核心是什么？这才是我们所要讨论的恒心回馈问题的真正内涵。

当我们讲恒心的时候，遇到最大的挑战是要不要坚持恒心去做事。在这个过程当中，我也有过迷茫，有过困惑，特别是当我遇到特殊情况的时候，我也会反问自己：究竟要不要坚持为社会去做这样一件事情？因为作为一个企业家，我也会怀疑为什么我要去做一件未必能够得到全社会认可的事情。这个时候，我也会怀疑以前所做的事情是否真正值得。所以当你遇到这一个难过的坎的时候，首先要想到的是怎么去调整好自己的心态，去深入思考很多相关的问题。恒心的坚守还不仅仅是内心信仰的问题，更需要有一种能力，帮助自己渡过难关的能力。

说到坚守恒心的能力，第一个当然就是资源整合和储备能力，也就是我们遇到问题和困难的时候，要拥有解决这些困难的资源并掌握处理这些问题时所运用的各种方法。这是物质资源的必要基础。此外，还有外围的政策、环境。恒心的实施是需要外在条件的，困境下的逆势而为当然值得肯定，但好的情境支持对坚守恒心更为有利。

坚守恒心还需要什么？需要团队，这也是一个很好的支撑因素。在做事的时候,要有一群人相信你,不能仅仅有个别人相信。就像一个人跑马拉松,可能只有你自己的力量,借不到其他人的力量。大家一起跑,周围的一群人都相信,我们能够在4个小时内完成任务。最好能和三五水平相当的人一起跑,大家相互鼓励、加油,结果就跑成了。

除此之外还有什么呢,我认为坚守恒心最核心的是心理能力,就是"心本定力(心力)"。心力就是自己认为能过得了坎的能力。你认为过不了就一定过不了,你认为过得了你就要想尽一切办法去渡过难关。恒心就来源于你每次都过得了。除了刚才提到的资源、能力、政策、环境等因素以外,恒心还需要心力,这个特别重要。

长跑锻炼的情景

举个很简单的例子,我很喜欢锻炼身体,也会告诉公司的同事,劝说他们也锻炼。刚开始的时候,他们以各种理由反对,比如工作忙时间不够啊、年龄大了锻炼不动啊……但是,我以亲身经历告诉他们,自己这个年纪还有这么好的身体,就是锻炼出来的。我的工作量是一般人的 2~3 倍,甚至 5 倍,但是按照计划,调整好作息时间,提高工作效率,一样有时间去锻炼。这其实就是心力的外在表现——用自己的实际行动告诉周围的人,只要想去做事情,就一定能做好。

再来看养老行业。按照我以往的经验判断,每个行业都会有三十年左右的成长过程。第一个十年是初级阶段,第二个十年是成长阶段,第三个十年是成熟阶段。比如,一般认为国内养老行业元年是 2013 年,因为这一年国务院正式发布了《国务院关于加快发展养老服务业的若干意见》,国内养老行业也正式进入产业发展的初级阶段。到 2023 年养老行业将基本完成发展的初级阶段,从 2024 年开始进入成长阶段。

按照这个发展阶段来看,九如城比养老行业发展节奏快了 5 年。所以,我每一次的准备都比人家领先了 5 年。九如城在 2009 年启动,2018 年就完成了初级发展阶段的任务;2018 年,九如城已经进入到成长阶段了。其实,有些事情真是天意。九如城 2009 年起步时,我也预测不到 2013 年国家会出台支持养老行业的政策文件。只是做养老的初心一直支持我做下去。如果当时做了 5 年就不做下去了,就算现在有再好的政策也没有用啊。

最近,有一些养老企业来九如城交流,他们到我们这一看,说十几年前他们也跟我想得一模一样,但是九如城做成了,而他们却没做出来,就问我现在做还来得及吗?九如城开始建设养老综合体是 2012 年,在当时是领先于全行业的。快 10 年过去了,养老行业也发生了巨大变化了,现在的市场情景怎么能回到

> 正心奉道

10年前？回不到了！所以，有些事情需要的不是决策，需要的是坚持。

惟精惟一，允执厥中。2018—2023年，这5年我们会领先，所以我们完全可以将2020年5万张的床位数，到2023年翻一番，到2026年再翻一番。但是，按照现在我们所有的项目信息，可能2022年我们就能实现翻一番的目标。而当前行业中，大多数机构还只有两三千张床位，即使随着行业发展翻两番，也不过是近万张床位，和九如城已经不在同一等级上了。

因此，坚守恒心的客观回馈是非常可观的，而且这还会大大增加对我们团队执行力的信心，现在所有团队成员就不怀疑当初我所制定的战略，这也是坚守恒心最好的回馈。全世界最好的床垫叫"席梦思"，席梦思原本只是床垫的一个品牌而已，现在却成为这类产品的代名词了，甚至这个品牌代表了整个行业名称。这就是从一个企业品牌变成行业品牌的过程中，坚守恒心给企业、行业、社会带来的最大价值回馈。做到这一点，企业就不再是产品缔造者，而是行业缔造者。我想我和九如城这么多年对养老事业坚守的终极目标，就是希望成为这个行业的缔造者。5年、10年、20年以后，我们九如城的养老标准，能够成为业界公认的标准。也就是说，九如城的养老模式会得到顾客、行业、社会的认可。

顾客会认可我们为他们提供的养老服务的品质是业界最好的，他们能够享受到家一样的养老氛围，能够得到子女孝顺一般的服务内容。我们养老服务性价比在行业中绝对领先。同样一张养老床位，我们提供的服务品质高，长者的口碑好，所以我们就能收取高于行业平均水平的费用。如果社会觉得九如城提供的养老服务是超值的,超过行业平均水平的,而不是不值当的,那么社会就会认可九如城的养老服务。

"不积跬步,无以至千里"说的也是坚守恒心的回馈。仔细想想,恒心本质上就是长期主义,坚持做某一件事情。唯有静心体察,专心守住,才能坚持一条不偏不倚的正确路线。我们从2021年开始,就把员工成长计划做出来,让员工带给顾客爱。长期主义首先是员工主义、顾客主义,然后才是长期的坚持。

2020年7月,我们在烟台发布了九如城到2032年的战略规划,大体明确了公司未来12年的发展方向和路径,制定了顾客、项目、团队等一些重要发展指标。在公布这一战略之前,我们已经经过一定时间的反复研讨和论证。为了让全集团都了解这一战略,我们之前就通过各种形式的会议、研讨、座谈等,让所有区域、团队都知道我们2032年战略发展的大致情况、大致思路。到了发布前夕,我亲自打电话给每个区域的负责人,向他们再次说明战略发展制定的情况。到7月半年度会议时,九如城2032年战略规划正式发布,然后九如城会根据战略发展目标进行任务分解,落实具体的行动计划。这时,全公司上下就都认为这个战略是切实可行的,去讨论怎么实现这个目标。

想象一下,我们现在确定2032年的目标,描绘那时候的发展状况,其实就是确定了那个时候公司发展的水平。如果我们向前推3年回到2029年,那么2029年、2030年、2031年公司完成目标的情况也就自然而然地确定了,3年的计划也就水到渠成地完成了。以此类推,再回到2026年、2023年,2023年计划就是我们现在所要制定的,包括了2020年、2021年、2022年行

正心奉道
▶▶▶

动计划的内容。让市场增幅来检验我们这三年的工作业绩吧！以往的经验告诉我们，最终不仅我们所有的设想顺利地完成了，实际上我们取得的成果还远远超越了当时设定的目标。这就是坚守恒心的回馈！

—— 正 · 心 · 奉 · 道 ——

第二篇

依道而行

第三章
尊重天道

第一节 天时之道

我之所以特别关注老龄化,是因为我深刻地意识到中国社会将要面临老龄化这个大问题。中国传统的家庭结构发生了大变化,大型家族变成小型家庭,农村居民去向城市。中华人民共和国成立后的婴儿潮及后来的计划生育政策,推动中国快速进入老龄化时代。

每个家庭都有长者,人人都会变老,养老是每个人、每个家庭都避不开的话题。老龄化也与社会经济发展、生活条件变好、医疗条件变好、寿命变长等因素相关。其实世界很多发达国家已经历过同样的问题,只是中国的老龄化速度更快,更需要提前做好规划。

联合国将"65 岁及以上老年人口占比超过 7%或 60 岁及以上人口占比超过 10%"作为进入老龄化社会的标准。按照这一标准,中国自 2000 年开始就已经进入老龄化社会。2018 年,我国 60 岁及以上老年人口为 2.49 亿人,占总人口的 17.9%。2019 年我国 60 周岁及以上人口为 2.53 亿人,占总人口的 18.1%;65 周岁及以上人口为 1.7 亿人,占总人口的 12.6%。

从目前的趋势来看,未来中国老龄化速度会越来越快,"十四五"期间中国或进入中度老龄化社会。到 2025 年,老年人口总数将超过 3 亿,平均每年增加 1 000 万。其中,15%为 80 岁以

正心奉道

上的高龄老人，15％为失能半失能的老人。2030年之后，65岁及以上人口占总人口的比重或将超过20％，届时中国将进入重度老龄化社会。

传统的养老模式下，大多数长者都选择在家中养老，但是重度老龄化社会的到来将会使这种传统养老模式不堪重负。因为

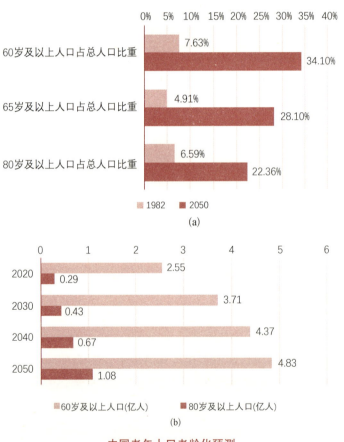

中国老年人口老龄化预测

（资料来源：智研咨询研究报告）

第三章　尊重天道

长者年纪大了自然容易生病，其自理能力下降迅速，需要家庭、社会帮助的需求急剧增加。但是，受到现代家庭变小等因素的影响，这种需求往往很难得到有效的满足。

这些都促使我一直在想：能不能找到一个模式来解决所有长者的养老问题？能不能找到一种方式让长者们的晚年生活更加快乐？现在长者的生活状态是年轻人未来老年状态的一个折射。如果现在社会的长者生活得不好，那么年轻人看到的都是老年人很可怜的场景，就会对未来失去期望。

特别是20世纪六七十年代，20年间中国出生了近3亿人。未来的10~20年，他们将全部变成老年人。人口统计预测，到2035年，我国老年人总数可能要达到3.5亿人。这个特殊人群对国家、对社会是有贡献的，但到了需要养老的时候，却无法依靠子女来实现养老。因为，独生子女大多是"421"的家庭模式，很多人要考虑自己的事业、家庭，没有精力来给父母养老，他们对长者的照料能力急剧下降。

此外，在居家和社区养老中，老年人最关注日常护理、慢性病管理、健康教育等服务。一旦家中有长者卧病在床甚至生活不能自理，子女们往往忙得焦头烂额，在精力和经济上都很难承受。在机构养老中，如果长者患有疾病的话，那么对医疗服务需求就更加强烈，而目前很多社区养老服务设施与社区医疗卫生服务结合并不紧密，通常只能提供日间照料服务。

再加上硬件配置不足，医疗服务能力难以满足高龄、失能老年人生活照料和医疗护理叠加的服务需求。这种养老服务和医疗服务互不衔接的情况，导致老年人的养老照料和医疗康复服务需求无法得到有效满足。老年人一旦患病，有时往往不得不在家庭、医院和养老院之间不断往返,既耽误了治疗,也增加了负担。

另一方面,由于大型医院主要关注急性病症的救治,对那些处于大病恢复期、康复治疗期、绝症晚期和有慢性病、残障的老年人无法提供细致的生活护理,但本应出院的老年人出于风险最小化的考虑而坚持留在医院,产生占用床位的现象,加剧了医疗资源的紧缺。许多老年人的真正需求得不到满足,医院应有的治疗功能没有得到充分发挥,医疗资源也未得到有效利用。在这样的背景下,大型医院迫切需要"医养融合"型养老机构来承担这些老年人的常规护理工作,以实现治疗、康复与护理的无缝衔接。

因此,在我国"未富先老""未备先老"背景下,如何解决老年人的养老与医疗问题,成为当前养老服务体系建设和医药卫生体制改革面临的重要议题。目前,国家已开始高度重视推进医养融合工作,以期能解决老年人医疗养老难题。2013年以来,国家先后出台了《关于加快发展养老服务业的若干意见》《关于促进健康服务业发展的若干意见》《关于加快推进健康与养老服务工程建设的通知》《关于鼓励民间资本参与养老服务业发展的实施意见》等重要政策文件,都对养老服务与医疗卫生服务结合提出了明确要求,营造了医养融合发展的有利环境。

《中共中央关于制定国民经济和社会发展第十三个五年规划的建议》明确提出要"推进医疗卫生和养老服务相结合",为做好医养融合工作提供了指引和遵循。在参加国家"十三五"中长期规划讨论的时候,我就提出国家层面需要做中长期规划。同时在多次交流会议上,我也是这样提出。最终,2019年国家出

第三章　尊重天道

台了积极应对老龄化的中长期规划。在这种宏观形势下，我们更应该顺势而为，大力推进养老产业的发展。

九如城开始做养老的时候，就制定了三个九年计划。为什么最初我们要先做研究？很简单，只有先了解国外最好的养老模式，才能帮助我们更好地制定国内的养老解决方案。因此，最初我们对长三角14个城市做了调研，在综合分析的基础上建设运营了宜兴第一个养老综合体，并因地制宜，不断升级优化软硬件养老体系。从养老综合体到城市养老院，到社区到居家，都是我们的服务升级。

每一个行业的发展，都会经过初级阶段、成长阶段、成熟阶段。2013—2023年是养老行业初级阶段，2023—2033年是成长阶段，2033—2050是成熟阶段，这也符合国家中长期规划。不论国家、社会、行业还是企业，都必须清楚知道每个发展阶段所要做的事情。所以企业制定战略发展方向要与社会行业发展趋势相吻合。

任何一个事物发展都需要一个过程，企业家就是要勇于超前，注重实干，仅停留在想的阶段永远无法出成绩。我们现在在做的农村养老，找了三个县直接做，不知道做得对或错，但是我们用心去做，在做的过程中不断提升和总结，要通过实干来探索出一套适合农村的养老解决方案。

在地域布局方面，我们首选长三角区域，其次是珠三角、大北方、大中部、大西南等区域。为什么选择长三角？原因很简单，我熟悉这个地区。第一，经济好，有消费能力；第二，理念好，接受多元化养老模式。在战略布局上，我们的大战略是将长三角区域扩展为泛长三角区域。

正心奉道
▶▶▶

前不久的长三角民政论坛,上海、江苏、浙江、安徽民政部门决定,逐步实现长三角养老服务供需资源有效对接,进一步推动长三角区域养老一体化发展。未来,在长三角区域,异地养老将成为大趋势,养老政策也将跟着长者走,长者在哪里,优惠政策就在哪里,我们就去哪里建养老院。所以,我们要把长三角做深做精做细,每一个城市都要进去,在这个区域真正做到养老服务一体化。

泛长三角区域是在长三角区域的基础上增加了山东和江西,包含了五省一市。这个区域包含了3.5亿的人口,有9 700万60岁以上的长者,未来这个区域要占我们市场份额的50%。第一,九如城发源于这个区域,在这个区域的影响力相较于其他区域更大,体系建设也更加成熟。第二,这个区域的养老理念是全中国最先进的。养老不仅仅是需求和购买力的问题,更是理念的问题。所以我们要将这个区域作为我们的大本营,作为集团最大的粮仓。

在长三角发展得差不多的时候,我们开始进军珠三角。未来的战略布局是长三角50%、珠三角20%、中部和西南20%。这就是在地理上来制定企业战略和发展方向。这个战略其实是从泛长三角的大区域到大北部、大中部的中区域,再到每个城市的小区域,自上而下和自下而上同时发力,最终形成爆发力,形成体系化优势。这种体系化优势有三点。第一,区域全覆盖后,我们打破区域壁垒,对团队的管理效率和能力都会大大提升。第二,我们可以开发全系列产品,有效降低成本。第三,我们也更容易实现包括人才在内的跨区域的资源统筹。

目前,九如城在10多个省份,60多个城市开设康复医院和连锁运营养老机构 200 多家、社区中心 800 多家，拥有员工逾 8 000 人，总床位数超 5 000 张，服务惠及百余万家庭。区域的广州、东莞和佛山等城市也已经落地，在北京有三个区域在洽谈。九如城已经进入的有武汉、成都等中心城市，还有青岛等旅游城市。未来五年，我们要进入一百个城市，建立一千家养老院，设立十万张床位，服务一百万长者，惠及一千万个家庭。我想我们有这样一个伟大的目标，是因为我们要去满足社会发展过程中的重大需求，我们是顺势而为，顺着这样的社会需求，来做这样的伟大的事情。

第二节　乘　势　而　为

面对我国日益紧迫的养老问题，国务院在 2013 年出台了《国务院关于加快发展养老服务业的若干意见》，明确了之后一段时期我国养老服务业的总体要求、主要任务、政策措施、组织领导等方面的问题，养老服务业是一个投资量大、回收期长、从业人员素质要求高、配套设施齐全、行业涉及面广的产业。这就给我们做好养老服务业提出了一个重大的问题——养老服务业的产业路径是什么？

政府对养老问题的重视程度不言而喻，特别是近几年来，出台了许多建设性的政策，也提供了相对应的政府购买服务和公共资源，促进了养老服务业的健康有序发展。但是政府的功能有限，无法满足近 2 亿老年人的个性化养老服务需求，所以需要发挥社会主体的作用，社会组织参与养老就成为必然，也逐步成

正心奉道
▶▶▶

为帮助政府解决社会问题、配置市场资源的好帮手。特别是头部企业，它们能带动一个行业的发展，为同行业中的其他机构做出示范。因此，对于政府来说，适当转变职能，把行业管理和服务职能主要交给包括头部企业在内的社会组织，既是现实需要，也具有一定的可行性。

此外，随着老龄化程度的加深和养老需求的增加，我国面临着"9073"的养老格局，90%的长者会选择居家养老，养老服务的对象有很强的地域性。他们一方面受根深蒂固的家庭观念影响，另一方面，落叶归根和帮助抚养孙子一代的想法根植在心中。长者不愿意离开自己居住了很久的地方，他们渴望天伦，子孙的探望对他们而言十分重要。因此，培育区域性头部企业，使其提供专业化养老服务，参与管理养老服务行业，协助政府研究调查养老行业的发展状况，拟定发展规划就势在必行。

养老头部企业可以成为产业中服务水平的示范者，发挥自身的专业优势，培养和遴选专业人才，奠定专业化服务队伍建设的基础，提升行业管理和服务水平。作为行业的排头兵，区域养老头部企业可以发挥示范作用，通过推行行业标准规范，加强市场管理，摒除养老市场里鱼龙混杂的弊端，提高服务水平和产品质量。头部企业还要弘扬传统文化，促进孝老爱亲的社会风尚，要有整合人力资源、产业资本、医疗资源、品牌资源等方面的能力，提升企业的整体竞争力。同时，头部企业还必须要有较强的挖掘产业链中细分市场的能力，以保证所提供的服务产品的连续性和创新性。

同时，头部企业必须能够在一定区域内获得医疗、保险、教育、健身、旅游等方面的配套支持，并且在发展过程中与这些领域实现良性互动发展,以保证养老服务业生态的健康循环。探索企业多元化发展机制,在达到一定成熟度之后,以自己先进的养老理念和优质的服务,在区域内外形成示范效应,带动周边的养老机构迈向更成熟、更合理的发展路径。头部企业将自身的养老体系辐射到整个区域的机构、社区和居家养老,凭借整合的各方面资源及不断拓展的产业链,从而真正实现区域内所有长者的养老。头部企业率先实践,不断总结经验,稳步推进养老运营体系,能够为其他跟进企业提供理论支撑和实践示范。

以我这多年来从事养老行业的经验来看,培育一批区域性的头部企业,需要在以下几个方面深化改革,让市场分享改革红利。

放宽资本市场准入

放宽资本市场准入,积极开展国际、国内合作,鼓励和吸引国内外各路社会资本进入养老服务业,形成政府指导、社会支持、民间参与的养老服务设施多元化投资格局。鼓励、扶持企事业单位、社会组织或者个人兴办、运营养老院、日间照料中心等。

强化政府的托底作用

明确社会主体作用,充分发挥市场在资源配置中的基础性作用,深化资源配置市场化改革。政府可以简政放权,将一些职能转移让渡给社会组织。将营利性特征明显的产品放开交给市场;对具有公益性质的产品,也可以通过市场机制进行运作,通过政府购买服务、合作、租赁、委托管理等方式,推行公建民营。政府要改革一切阻碍养老服务业发展的体制障碍,为重点企业做大做强提供保证。

优惠供应土地

多数养老项目的土地只能以"招拍挂"方式获得,导致前期投入中的土地成本非常高。建议优先满足养老建设用地，对各类投资主体新建、改建、扩建的养老服务项目和养老服务设施优先予以立项。特别是自然条件优越、适合老年人修身养性的宜居地块，要保证优先供应。同时，针对养老服务业投资量大、回收期长的特点，可以考虑创新土地出让金的缴纳方式，减轻养老企业初期的资金压力，使更多的资本有兴趣并且有能力参与。

财税支持政策

政府先后改革和出台了很多政策，大力促进养老服务业的发展。但在目前来讲，养老服务业是带有社会公益性质的行业，微薄的利润很难长期支撑企业的生存和发展。所以还需要政府在财政补贴政策、税费优惠政策等方面进一步完善，尤其是尽可能向区域头部企业倾斜。首先，要提高政府财政对贫困人群的托底标准；其次，对当地养老事业做出示范性带动作用的头部企业，可以考虑提高床位补贴和运营补贴的标准；最后，增加对民办养老机构的行政事业性收费减免的名目和力度。以上优惠政策实施的关键是要能落实到位。

人才培养支持

"招不到""留不住"导致了养老服务机构缺乏高素质的专业服务人员，这成为摆在每一个养老服务机构负责人面前的难题。而巨大的养老需求，却需要众多的养老服务人才。按照"请进来、走出去"的原则，区域头部企业和政府相关部门联手，在资格准入、就业政策、培养模式、福利待遇等方面进行市场化探索。既要发挥区域龙头的市场主体作用，又要发挥政府在公共服务方面的主导作用，打造健全的养老服务业人才体系。

对于养老机构招聘的境外及国内高级管理人才，要给予个人所得税减免、特殊行业人才引进补贴等政策,吸引更多的境外人才到国内养老机构任职,提升管理服务水平,降低养老机构的人才招聘成本。养老服务行业急需有爱心、业务精的人才。受过高等教育的年轻人,既懂得护理知识、掌握护理的技能,也善于跟长者沟通,养老行业急需这样的人才。而当前,老年服务与管理专业只有专科,没有本科。专业设置、学历设置的突破,将吸引更多人才选择留在养老行业。建议实施校企合作培养模式,企业提供实践平台,根据人才的需求,采用与学校签订定向协议的"订单"培养模式,对学生实行量身定制,加强人才培养的针对性,为养老企业以股份形式参与高校办学合作创造积极条件。

改善和提高护理人员的待遇,是确保社会养老服务建设的重要保证。待遇低,养老机构招不进来人也留不住人。养老从业人员福利、工资待遇应该与发展社会服务养老同步进行。建议财政拨一点、社会公益给一点、企业自身多拿一点,有效改善养老从业人员的待遇。

加强行业监管

养老社会化在一定程度上解决了政府投入资金短缺的问题,同时更能满足剧增的社会养老需求。但目前准入门槛让一些基础设施差、服务水平低的机构钻了空子,老年人沦为养老院赚钱的工具。所以需要政府部门建立评估标准,严格准入条件和程序,按照法律规范的要求,核发养老机构设立许可证。

要仔细甄别养老地产和养老机构,一方面不让有些地产商打着养老的旗号,实际上换个方式做地产,引发社会的质疑;另一方面要保护那些真正用心做养老的地产商参与养老的积极性。积极发展独立公正、运作规范的中介组织,与头部企业一起,在创新监管方式、制定完善服务标准体系、属地化管理方法等方面做出积极探索。事前审批和事后监管相结合,按照"公开、透明、平等、规范"的原则,逐步建立起完善的社会监督体系,形成政策健全、机制完善、标准规范、平等参与、有序竞争的养老服务市场环境。

第三节　本　质　探　究

先和大家分享一个小故事,在我们南京的一个养老院,住着这样一位长者,他已经93岁。他的儿子在美国工作,因为在家里没人照顾,所以我们开业的时候他就住了进来。但是,近一年的时间他的身体状况很差,他唯一的要求就是能和儿子视频。到了最后一段时间,他很希望儿子能在他的身边,我们的工作人员很快与他的家人取得联系,希望他们能赶紧回来。但是由于工作原因,他儿子没有及时赶回来。当他儿子请完假,飞到北京时,长者已经离世了。所以,这位儿子回到南京以后,跪在父亲棺材前痛不欲生。他说:"我只有这一个父亲,为什么在他离开的时候我不在身边,父亲走的时候肯定想着见我一面。"

"树欲静而风不止,子欲养而亲不待",像这样的案例在养老院还有许多。回想一下我们自己身边,也会有这样类似的事情。父母健在的时候,我们往往被忙碌的事务所牵绊,忽略了父母的情感。父母离去,我们才猛然醒悟,后悔不已,这样的故事太多了。后来这位儿子发誓回国工作,工作以外的时间都用来当志愿者,服务更多的长者。

阳明先生说:"此心无私欲之蔽,即是天理,不须外面添一分。以此纯乎天理之心,发之事父便是孝。"《尔雅》中给"孝"下的定义是:"善父母为孝。"孝原本在我们心中,只是需要去唤醒,我们不能等到父母离去才知道因为没有尽到对父母的孝道而后悔。先前的那个儿子,虽然父亲的离世给他留下了巨大遗憾,但这件事却彻底唤醒了他心中的那份孝心,让他积极投身于服务长者的志愿者行列。这份痛彻心扉的后悔,一旦扩充至为天下父母尽孝,就可以唤醒其他人的孝心,这样的人也将会成为我们九如城最重要的志愿者。我一直在想,如果把孝融入我们日常的学习、工作和生活中时,我们的人生肯定会不一样。

我做养老十余年,其间除了完成模式的探索、机构的建立、服务的规范,我还做了些什么? 我究竟为什么去做养老? 九如城除了能带给长者一张床位,还能为他们、员工、家属带来些什么? 这也是我一直在困惑和探索的。这么多年来,在遭受质疑和不解,遭受挫折的时候,我也总是追问自己:我为什么要做养老? 养老的本质是什么?

"老吾老以及人之老"是中华民族的优良传统,"天地万物一体之仁"是圣贤的教诲。在从事了那么多年的养老事业后,我最终悟出这样的道理:养老事业不只是养老院的事业,而是全社会的事业。养老的本质"其实并不是养老,而是孝道,孝道的载体是家庭,家庭的向往是幸福"。

以这么多年从事养老行业的视角来看,我理解所谓孝道还有更深层次的含义,它是一种父母和子女双向关系的展现:做父母的要懂得父母之道,做子女的要懂得子女之道。现在有很

正心奉道

多长者住养老院是为了减轻子女的负担,这就是父母之道的慈,是他们内心当中想要表现出对子女的疼爱和关怀;反过来,子女让父母住养老院得到更专业的照护也是子女之道的孝,是他们发自内心对父母的爱。

尽管如此,在这种双向关系中,子女还是应该更主动体现出对于父母的孝。就像一个兴旺的家族,兴旺之根一定是家族中的长者,孩子则是那些盛开的花朵。因此,从服务于长者这个根开始不断去灌溉、滋养、培育,由根到干,再到枝叶,一直到花朵,人生生活的幸福大树在这个体系中被构建起来。

以我的个人经历来看,我认为子女主要应该做好以下方面。第一,子女把事业做好,是对父母最大的孝顺。每一个父母都希望子女有一份事业,父母和子女之间有心与心的连接,彼此能够听到心中无声的呼唤。第二,照顾好父母的身体,不让父母彼此担心,这也是孝。第三,把第三代子女教育好。如果孩子没教育好,祖辈肯定会难过,自己的子女没教育好下一代,肯定会影响他们。所以九如城现在为什么要强调教育,从关注长者的生活教育,到关注家庭教育,再到人生教育。因为,做好这几个层面的事情,创造美好幸福的家庭生活,其实就是当代人对父母、长者们的最大的孝顺。

所以,为什么养老服务中一定要重视孝道?因为长者们的幸福大多数来源于他们的家庭,家庭最高的向往就是幸福。有了这样的逻辑关系,作为九如城来说,我们就要帮长者们建设幸福家庭。这就应该包括长者们的幸福、子女的幸福、所有家庭成员的幸福。因此,我们就需要在养老机构中营造一个幸福的家的感觉,在这个家中用心对待每一人,用心做好每一事,用心度过每一天,最终呈现出我们中国家庭当中最理想的幸福。

怎么样才能建立这样的幸福家庭,我认为首先还是要从心出发。"身之主宰便是心",有心一切皆能实现。在九如城,每一个人都知道,我们的一切行动都是从心出发,去和老人建立心与心的连接,倾听长者内心的呼唤。长者内心的呼唤是无声的,我们一定要用心聆听长者平时无法对子女、对家人诉说的心里话。我要求我的员工们一定要与长者建立这种心与心的连接,我们有着这样的一种初心:我们能够担当这样的一种社会责任,让全天下所有子女尽孝。完成这样的一份崇高的事业,因为我们是这个时代的孝道责任的担当者。其次是要从关心长者到关爱家庭,通过九如城的养老体系做到家庭全服务。家庭全服务当中我们有家庭幸福包、家庭护理包、家庭居家包等,这样实际上就回到了家庭幸福的本源。因此,我们其实是要通过传播孝道的方式,让每位长者的家庭最终都幸福起来。

同时,作为养老从业者,我认为不仅是养老机构要懂得孝道,我还决心站出来,大声唤醒深藏在社会大众内心的那份"孝",唤醒我们每个人心中的良善与爱,以孝敬父母之心去爱天下的长者。如果社会能够让每个人都能理解孝道的伟大意义,都成为养老事业的志愿者,都能去从事尽孝这样一个崇高伟大的事业,都去关爱长者,那我们生活在这样的社会中将多么幸运啊!

自成立以来,九如城一直倡导这样的文化:家文化、爱文化、孝文化。九如人未来要做的是承九如之德。所有的员工有缘聚在一起,大家就像一家人一样和睦共处。从事养老事业的企业如果缺乏爱心,是做不好养老服务的,所以九如城推

正心奉道

崇爱文化。孝文化是我们中国的传统文化,我认为也是养老这份事业的核心文化,九如城的方方面面都应该体现孝道的传承。在九如城的价值体系中,我们遵循"视天下长者为父母,让天下子女尽孝有道"的原则。

这样的原则将指引我们的团队,立下大志,为长者幸福快乐的晚年生活努力,就是我们的奋斗目标。我想,心是道的源泉,道是德的根本,德是事的根源,有怎样的心就有怎样的道,就有怎样的德,就能培养出怎样的人,就能成就怎样的事业。所以,我讲初心不变,我们还要从养老服务到陪伴,从陪伴到倾听,逐步践行我们的初心。我讲孝心不变,我们要从关心长者到关爱家庭,长者的幸福同样源于家庭的幸福。我讲爱心不变,我们还要从养老到养心,真正实现让阳光照进长者心田。

未来,我仍将从自身出发,带领我的团队、员工帮助长者和家属从内心提升心灵品质,真正从"心"出发,将九如遍布大江南北,将孝道文化普及到每个家庭。我们要将"孝"普及到全行业,视天下父母为父母,让天下子女尽孝有道;我们要将"爱"普及到全公司,让所有的员工工作、生活有爱心,与爱同行;我们要将"家"普及到全社会,让所有长者的家庭孝与爱温暖同在,实现真正的幸福万家。

天理在人心,要真正做好养老事业,除了坚守孝道之外,我们需要通过陪伴生命、理解生命、解读生命等方式,去寻找生命之光,唤醒人之本然。阳明先生说:"至善者性也,性元无一毫之恶,故曰至善。止之,是复其本然而已。"这里的"复其本然",就是指"止于至善"。人心本善,我们要唤醒人的本然,也就是要唤醒人心深处的那份"至善"。这里的至善其实就是良知,而良知

第三章 尊重天道

和我们前面提到的孝道本质上也是一致的。因此,我们需要通过"致人心",唤醒长者心中的本然,唤醒养老者心中的本然,唤醒养老企业家心中的本然。

长者的本然是回归,回归起点,回归生命的圆满。让他们在九如城养老机构因陪伴而享受,因温暖而祝福,因善念而美丽,因努力而有价值,因回归而圆满。不论从哪里来,他们都能清晰地知道自己要去向哪里,并且在这过程中,能少些抱怨,多些感恩,少些执念,多些快乐。我想这就是长者需要被唤醒的本然。

养老人的本然是因果。选择了这个行业,他们就需要学会"尊重与爱",学会让自己成为光明使者,注入生命的关爱;陪伴引导,发起心灵的力量;用天使之爱,绽放生命的光辉;用服务与尊重,让长者的尊严与归去同行。当他做到这一切的时候,他帮助长者实现了圆满,也就寻找到了自己的本然。而当他步入晚年,他就能够更从容地去看待这个世界,也会赢得更多的尊重和关爱,所以养老人的本然就是因果,种什么因得什么果,付出什么就会得到什么。

养老企业家的本然是初心。他们要从心出发,影响、化育更多人,不辜负时代的伟大,与祖国同频共振,成就他人,让员工与企业同成长,成为伟大的养老人,造福社会,贡献人类,领先行业,缔造伟大事业,实现生命的价值。做养老的企业家首先应该是无私的,用生命奉献事业,用所有资源保证事业的顺利开展,用利他之心成就他人。他们应该永远在追逐事业的路上,无怨无悔,永不回头,持续学习、创新,引领行业发展。做养老的企业家必须成为长征路上的无畏战士,接受新时代的召唤,成为伟大复兴的"当道者",忘却所有,勇往直前。

正心奉道

因此,九如城的责任与道义就在于:让社会关注长者,解放家庭的责任,让老人安享晚年;让老人拥有光辉余道,社会崇尚人性之道,员工履行天使之道。我们始终坚定信念,努力建立完善的流程化、标准化、制度化的服务体系保障,提升管理制度,提升服务水准,保证养老的服务品质。

第四章
恪守人道

第一节　人之初性本善

　　人生的一切就好像一块石头扔到水中激起的阵阵涟漪。我们的灵魂是美丽的,它居住在皮囊中,内在是无限的光明、永远不灭的闪耀。人生价值在每一个理解过程中会不同,但梦想和价值是同程的。每一个人都有他的价值,下面从哲学方面说一下人生的意义。

　　我一直坚持心是本善的,每一个人的心都是本善的。之所以后来会出现各种不同的恶,可能是由于他的成长环境。但是人还是需要不断自我修行和提升。

　　以前我总结了一句话:用你的善良去善待善良。当碰到不善良的人的时候,我就会离他们远一点,越远越好,惹不起就洁身自好,保持自我善良就好。但现在我的想法不一样了,我认为如果能改变他们,让他们往善良的方向走,我就要尽量通过自己的影响,使他们变得更加善良一点,哪怕是比原来善良那么一点点也好。这就是我近几年中的改变。我们善良,才会有以后福报。

　　前段时间,我看到一篇文章叫《不能泛用自己的善良》,这一点也很重要。我们讲好品德,不是把善良去泛用、滥用。把自己的善良过度地放在不善良的人身上,就会消耗我们的善良。碰到坏人的时候,你自己的正能量就被坏人吸收了,你身上会产生

正心奉道

负能量。你一个人面对更多邪恶的人的时候,你说不定会被他影响成为邪恶之人。当你的善良斗不过这一群人,在这个过程中被慢慢消耗完的时候,你也会变成不善良之人,或者是少善良之人。

我们一直讲身正不怕影子斜、夜半走路不怕鬼。我们要从善良到仁爱,实际上,仁爱比善良有更高的层面,仁爱讲的是道德的层面。圣贤希望我们的后代都用仁义道德去规范自己,在这个过程中,一定有很多人是没办法来提升的。当善良的你去影响他人的时候,可能会成功地把一小部分人转变成善良的人,转变成有能耐的人。

我觉得,有一个善良的内心、善良的起心动念,加上仁爱,在处理各种事情时,你就会觉得方法特别多。现在我也有这种感觉。我们老师也说到一个词叫"心生万法",就是你从内心中出发,用仁爱和善良去面对很多事情。为什么有"仁者无敌"的讲法呢?虽然实际上敌人还是有的,但是在仁者内心没有敌人,仁者是更高层面。心生万法就是你没有什么事情解决不了的。你只要有爱,就没有敌人,也没有什么解决不了的问题。

我一直在想,到底用什么样的语言来解释仁爱。首先,我觉得真诚是仁爱的基础。比如我们九如城一直说的一句话叫"真心待长者好",这句话其实讲起来很简单,但是你真心对长者好,你要在任何时候都会想到长者。有一天早上我跑步的时候想到一个问题——当下疫情又星星点点冒起来了,养老机构应该注意防控。我想把我们2020年年初在武汉制定的《实战手册》在网上公开给大家。以前这类印刷品都是纸质的,没有电子版,但是那次石家庄疫情发生后,由于快递公司不接受外地快递,我只

第四章 恪守人道

能把电子版发给当地的养老机构。

有一次领导对我说:"老谈你真把自己的知识产权都贡献出来了。"我告诉他,这是我们九如城用在武汉抗疫的经历换来的。我说:"他们用得着,他们封院以后怎么去管理机构,做好疫情防控,他们没有经验。于是,我就写了一篇文章,题目是《疫情防控养老机构你准备好了吗?》,文末放一个链接,就是我们这份防控手册的电子版。只要打开这个链接,就可以找到防控手册,按照防控手册做就可以了。"

我想想还有些地方不妥,有些人拿到防控手册还是做不了,我就发了一个问题给九如教育负责人:"你觉得当下最值得你去做的、最有意义的、最有价值的、惠及最多人的事情、最有时效性的事情是什么?"等了两个小时,她回了几个答案,但都不是我要的。我看她悟不出来,还是要点清楚。我直接告诉她,希望她马上去组织在线养老机构防控培训。

我们2020年4月份开始"百城万院"公益讲座,主要是关于养老机构在紧急情况下如何进行防控。为什么我们有先见性?那就是我真心待长者好,他们可能遇到的所有情况,我都要事先做好相关预案。未来不光是防控疫情,因为防控手册做好了,预防其他情况也同样适用啊,比如预防流感等传染病。所以说我们有先见之明,并不是我们有多聪明,本质上就是我始终有一颗真心待长者仁爱的初心。

再高一个层面就是仁慈,如果说仁爱是一种态度,那么仁慈就是一种风格。其实态度也好,风格也罢,回过头来都是从你内心表现出来的。你的态度首先来自你对这个事情的认知。风格就是要透过这件事情形成一种本质的处理方法。做任何事情的

正心奉道

时候要三思为什么要这样做,可能就会找到你处事的本质,形成自己的风格。

当然,在仁爱和责任之间,我们还有义务:个人的义务、家庭的义务和社会的义务。我们做人要有责任,做事更要有责任。你有没有用心、专心、尽心去完成这样一个事业?你的仁义、真爱是用什么样的方式去向社会表达?善心有没有得到充分的发挥?本尊有没有用善意的行为去体现?有没有与人、与物、与事去创造这样的一种和谐环境?有没有去履行"孝为先"的义务来促进社会和谐?所有这些义务、责任、尽心、仁爱、慈善、和谐、孝心就决定了你的品格。

上天让你来到这个世界上,给你的任务就是把自己的一生要经营好。经营用在人生过程中可能不一定准确。我们每一个人必须这样去理解,我们的家庭要经营,事业要经营,生活需要经营,人生也需要经营。

说到经营,我们要有这样的心态,把每天的时间安排好,有了计划就要付诸行动。比如计划跑十公里,那么每跑一公里,就要想着自己离目标越来越近了,而不是苦恼着剩下的漫漫长路,这样你就有毅力去完成。只要出发,目标就会离你越来越近。所以当你制定计划的时候,就要去想用什么样的标准去完成。就像跑马拉松,对普通人而言可能很遥远、很难实现。但是,其实并不难,就是 42.195 公里,就是一步步、一米米地去完成,每跑完一公里都要想自己离目标更近了。

提到小家,我想跟大家分享我们家的家风:尽力、勤俭、做人。不管处在什么样的社会环境中,都要尽力去做好自己的事情。能做成多少事情,做到什么程度,除了自己努力之外,可能

第四章　恪守人道

需要社会背景、资源等等来支撑。但做事一定要尽全力去做，不管自己的外在条件有多好或多差，都必须要勤奋努力。勤奋可以在一定程度上弥补智慧、资源和其他方面的不足。所以，我认为任何事情都应该必须坚持勤奋这样的原则。

当然，家里还有各种各样的义务，每一个人都必须要去履行。我们的孩子基本都去过贵州，我们的秘书长也带着自己的女儿去过。我们公司也有很多员工在暑期去做一些支教。我从家庭当中得到做人的标准，让公司员工去传承。

因此，不论是小家、大家，都是一样的。我们公司也会提到友善、责任和担当。事业需要责任，社会需要责任，团队需要责任，人生也需要责任。我们每一个人来到这个世界，必须承担一些责任。我们要更多地向大家去说：要多一些担当。为什么要这样说？因为时代告诉我们需要承担这样的一个责任，我们是社会的栋梁，要推动社会进步、促进社会和谐，要敢做敢为。

我们现在从事养老事业，就是要通过努力让天下长者有尊严地生活，享受社会发展的成果，去担当这样的社会责任。所以，我应该用家人的感觉去感受这种组织内部的文化氛围，极力营造家的文化、孝的文化和爱的文化。九如城会通过各种各样的活动去缔造这样的一种文化氛围，来告诉大家我们是大家庭，我们营造的是一种大家的氛围，是为长者服务的。

随着社会愈加浮躁，我们的价值观就会缥缈不定。我对于这个问题的理解很简单。第一是做对的事情。怎么来衡量对的事情？对组织有益、对社会有益、对家庭有益和对个人有益就是对的。做事的时候要去想对自己有没有好处，对家庭有没有好处，对团体、学校和班级有没有好处。如果对所有对象都有好

正心奉道

处，那就是在做对的事。

第二是做好的人。明是非、揭真理、脚踏实地、倡导先进、积极乐观、善于做人、爱的奉献和孝心天下。我认为这能够坚持几件事的就是好人，这是基本原则。我不会去宣讲大道理和价值观，不会提一些口号。要明辨对与错，有正义感，不能指鹿为马。如果做到这样的标准，就可以称之为好人。

第三是说好的话。社会上有很多负面的新闻，我们要去宣传一些正向的东西，整个社会才会充满正能量。特别在当今的网络世界中，鼠标一点，键盘一敲，很多东西就被传播出去。我们要辨别这样做是否有益于自己、有益于团队、有益于社会。不管哪个国家都会有两面，我们需要把正确的价值观放在心上，去弘扬社会正能量，每个人都要做到这样的基本原则。

价值观是对整个社会、事物的判断和定论，它决定了人生的方向。对我而言，做养老事业是最大的梦想，也是最大的公益，做到助天下子女尽孝，让长者享受快乐的晚年生活。我这样的价值观和心态决定了我人生的方向，所以我二次创业选择了养老事业。这个过程中必定会碰到很多曲折，只能不断地去克服，坚持选择的方向和道路，坚持自己的理想。所以，我想说：价值观决定了方向，也造就了成就。

第二节　百善孝为先

为什么还是要和大家讲再来谈谈今天的孝道？因为孝道是中华传统文化的重要代表。阳明先生说："以此纯乎天理之心，

第四章　恪守人道

发之事父便是孝"。"孝"原本就在我们心中，也是当今社会比较需要的元素，只是需要去唤醒。大家如果看过《大宅门》《乔家大院》等电视剧，就知道以前的家庭都是很大的家族，家族成员大都生活在一个屋檐下。尊老爱幼的传统使得家族的长辈威望很高，晚辈们对长辈尽孝道也是天经地义之事。孝道本是中华民族的优良传统，为什么到现在反成了一个缺憾？

"孝"字是"老"与"子"二字组合而来，体现的是长者庇护孩子，为他们遮风挡雨，让孩子顺利成长，孩子则是长者的支撑，要学会感恩，为长者的幸福晚年负责。长者是家族之根，但近百年来中国家庭结构发生了深刻变化，由于城市化进程、人口结构、工作生活等原因的影响，以往那种大家庭逐渐被小家庭所取代，变成了三口之家、四口之家，原来的四合院变成了小房子，甚至可以说是牢笼似的住宅。人们不知道对门是谁，不知道楼上楼下是谁，甚至见到了都不打招呼。这种社会家庭结构的变化，使得长者与晚辈们在一起生活的机会越来越少，长者在家庭中的地位有意无意地被忽略了，晚辈们尊老尽孝的机会也变少了。长者在家庭当中缺少了威严，导致现代社会当中出现孝道缺失的现象。

所以，今天我们仍然非常需要讲孝道。父母慈，子女孝；子女孝，家族旺；家族旺，民族兴；民族兴，国家盛。反过来想想，如果一个人连为父母尽孝都越来越少的话，他心中还能装着什么，他还能成就什么事业？一个国家里，如果连为国家贡献一辈子的长者都得不到尊重，那还有谁愿意去为这个国家付出？一个民族中如果连长者都得不到孝敬，那这个民族拿什么来传承？没有传承，哪里来文化自信、民族复兴？所以，我们一定要将孝

正心奉道

道以新的方式传承下去。

在谈论孝道的同时，我还想和大家分享一下家族兴旺之道。我们每一个人都会思考怎样才能使家族兴旺，其实家族兴旺本质上还是孝道。现在，我们所有的人都会悉心关怀下一代，而不会多花一点时间来关心父母。其实父母是这个家庭的根本。我很小的时候就听父母说："你怎样对待长者，你的子女就会怎样对待长者。"因此，家庭中有了孝道，就会其乐融融。所以，如果善待长者，视天下长者为父母，能够帮助天下子女去尽孝，把长者放在心里，我认为你对这个社会就做出了重大贡献，你对自己的人生是有担当的，你的未来将会获得福报。

当然，时代不同，对于"孝"的理解和价值判断也会不同。古代家里父母去世了，子女要守孝三年，这种行为被看作是尽孝道最重要的表现。但是，放在现在，我们就会想：那长者在世的时候为什么不可以直接尽孝呢？他们在世的时候多陪伴，而不是等去世后再来守孝，岂不是应该更能体现出对父母的孝吗？

在我看来，"孝顺"中的"顺"可能更为重要。有个日本故事：一个农民每天做完农活回去以后，母亲帮他洗脚。所有的人都知道他其实是一个大孝子，所以当大家看到这样一个大孝子回家后让母亲帮他洗脚，就质疑他的孝。于是，他告诉大家："母亲每天帮我洗脚是她最开心的时候，她觉得儿子这么辛苦劳作，能够帮儿子做点力所能及的事情，就是在实现她的价值。"所以，这位大孝子所尽的孝道就是让父母开心，这就是他所尽的最大的孝。

我这里也有同样的一个小故事。我父亲已经86岁，现在还坚持每周上五天班，我和他开玩笑说给他配了车子和司机，相当

第四章　恪守人道

于部长级的待遇。他是乡长退休下来的，喜欢当领导，喜欢管理，我就给他 30 个员工去管一个农场，为我们院里的食堂提供蔬菜。他每天过得很快乐，200 亩的农场每天骑自行车转三圈，我让他小心一点不要摔倒，他说不会，他还能做 20 年。这就是顺，顺着他的意，百善不如一顺，顺也是一种孝道。因此，慈祥的长者必有孝敬的子孙，孝顺的人家一定会传承。

要做好养老事业，管理者一定要有"孝"的情怀，没有这份情怀是做不了养老事业的。我已经做了十多年的养老，投入了 50 多亿，别人都说我傻，如果将这 50 亿投入资本市场或者是在原来从事的房地产行业里运作这么多年，估计能赚 100 亿了。但是每当我想到，如今几万个长者在九如城里开心快乐地生活，九如城替几万户家庭承担了为长者尽孝的责任，这一百亿的经济价值一下子变得毫不起眼。

未来当我去向马克思报到的时候，他肯定不会问我们这一生赚了多少钱，他一定会问你服务了多少人。所以，我认为做养老的企业家一定是要有这样的情怀、担当、拥有一颗常在的孝心。他从事养老行业的初心一定不是为了赚钱，而是为了给社会解决重大问题，对社会做出突出贡献，有这样孝心情怀的老板才会去做养老。当然从事养老的老板都值得尊重，不管是大老板还是小老板，哪怕他只是开了一个小小的养老院，我们都应该尊重他。

员工同样也要有孝心，如果员工没有孝心，那么这个企业一定做不好养老，因为所有的服务都是由员工完成的。养老是一个特殊的行业，大家都很关心但是又都不愿意去做。因为从事养老的工作又苦又累不被大家看好，也不被人家尊重，收入还不

正心奉道

高。当你在外面和别人说你在养老院里工作，无形之中仿佛会感到被人轻视。为什么会发生这样的事情？因为这个社会的物质生活的发展水平和精神文化的发展水平严重脱节。所以，从事养老这份工作的人一定和其他行业的工作人员不一样。

其实早在创办九如城之初，我就是这个想法：将一群有共同志向的人组织在一起，以天下长者为父母，积极投身养老事业。没有这样的情怀，九如人就无法长久地满怀激情地去工作去奋斗。正是这个伟大志向，将我们凝聚在一起，为养老行业带来了新的气象，给当地的社会带来了新的感觉。我们的市委书记曾经这样评论："九如城把全宜兴的养老水准都提高了很多。"我们帮助很多乡镇敬老院进行提档升级，健全了整个区域内的养老服务体系，提升了养老行业内的服务人员的水平，最重要的就是培育了整个社会的风气。

现在在宜兴，你说将父母安排在九如城养老，周围人都会为你点赞，因为他们知道你孝顺。只要穿上我们的T恤、工作服，走出去说是我们九如城员工，人们都会为你点赞。只有我们真正像长者的子女一样孝顺，甚至超过子女的孝顺，才能真正尽天下子女之责。我们做养老的人就应该具备这个本分，用更专业的、更用心的、更真诚的服务照顾长者，共同为天下长者幸福快乐的晚年生活而奋斗，让子女们可以不用担心年迈的父母，更多地去为社会作贡献，真正实现每个人的大孝！

未来，我还要坚持呼吁整个社会为长者们做更多事情。我们应该怎样从给长者一个房间，转变到给长者一个幸福的家；从对长者们的生活照料，转变到对他们的精神关爱；从陪伴转变到倾听；从管理转变到服务；从百分之一百的满意，转变到百分之一百零一的超越。更重要的，我们要把我们的价值传承下去，为了崇高的事业燃烧自己的生命，引领行业找到自己价值所在，从而基业长青，生生不息。当我们用自己微薄的力量去影响他人，这种正向能量价值的传承终将影响整个社会，带领我们走向光辉大道。

第三节　商道即人道

当今社会，商学、政治学、艺术学、科学跟我们每个人都分不开，特别商业是人类生活当中最分不开的，每一个人都在思考着个人价值和目的，全世界哪一个人能离开商业？大家都从不同角度来论述对商业哲学的理解、商业行为的哲学道理，并从林林总总的商业行为中总结一些观点。我们从所有人的商业行为当中去寻找自己的哲学，寻找自己的价值和目的，思考我们的价值所在。寻找自己的商业价值跟目的，其实就是在我们自己的工作、生活当中寻找自己的哲学点。

在哲学里，我们每个人的工作跟生活是不可分割的，当一个人用哲学的方式去看待世界，看待我们每一个人的各种关系的时候，你就会领略到各种不同的价值和目的，里面也讲到了两个方面：相信和怀疑。大家在做的过程当中，仍然要带着怀疑去完善自己的相信，这是很有价值的。我们相信这些事情，但是在做的过程当中，怀疑着来做可以更好，更有价值，这就把我们的相信践行在行动当中。在行动当中寻找不足点，提升跟弥补自己的相信，这样才是真正的哲学的思维方式。我们在工作和生

正心奉道

活当中都可以用到这个。

听起来这些哲学的名词跟道理似乎很遥远,但是我们每个人的生活当中都会碰到这样一个问题,当我们用哲学的思维来考虑我们的工作生活的时候,就更有价值,更符合发展真理。我想我们每一个人都不妨常使用这样一种思维方式去看待问题。

用这样的方式可能就更加清楚我们到底在追求什么,我们最终的人生价值目标在什么地方。不断引导自己用哲学的思维来看待问题,处理关系的时候就快速形成严格的逻辑思维。要用中国哲学的思维来考量逻辑思维跟我们整个社会、行业、企业、个人之间的各种关系,把以前各种显性的逻辑思维抛掉,用全方位的逻辑思维去考虑我们在这个时代中应该起到的价值。我们以良知驻心,从心出发,自己每一个事情都符合天地良知,这就是人生价值实现的最大机会。

在这样一个时代,发展是硬道理,我们每一个人在这个发展过程中要积极投身到现实社会的时代洪流当中,我们要寻找自己的人生真理。社会发展过程当中有一个主线在形成真理,当寻找这样的一个真理的时候,我们就可以在哲学层面去理解我们的价值。我们在真理中找到自己的位置,跟上时代的洪流,实现自身的价值,就是商业哲学的关注点。

商业哲学的问题一个是历史,一个是未来。过去已去,未来已来,我们要用这个思维来考虑未来,要看一下过去再面向未来。我们做每一项工作都是总结前期的经验再思考未来。我们从哪里来?我们要去哪里?那么我们的真正目的是要做什么?这是每一个人在未来必须考虑的哲学问题。

我们的历史跟未来离不开"初心"这两个字,我们现在永恒

第四章 恪守人道

不变的价值就是良知。我们从良知出发寻找未来,塑造我们共同的道德良知,这就是我们对历史跟未来的理解。这也是我们每一个人在良知大道上寻找未来的终极目标。

关于商业哲学,一定会涉及两个触角:一个是科学,一个是人文。我们要用科学的态度、人文的精神来理解哲学。我们用哲学的思维考虑一些问题的时候要更加全面。科学就是更加符合科学发展观的理念,符合伦理道德的发展价值。我们要用人文关怀这样的一种基因来考虑未来,所以当我们用哲学的思考方式来看待自己的时候,我们选择了良知,那么我们的人生观、价值观、世界观也是有道德、有价值的。

关于商业文明,我认为我们再也不是开一个公司,为了赚钱把大家圈到一起,以钱为目标的模式去奋斗,去为我们的人生拼搏。从事商业的目的也不仅仅是给股东回报,更重要的是我们在获取一份事业的同时,为社会努力,通过我们的产品和服务,提高了客户、供应商,以及一些利益相关者的心灵品质。为这个社会做出贡献,能利益社会、推动社会进步,就是我们的新商业文明。

此外,真正的商业文明还应该是利益人心的。我们在向客户提供高品质的产品与服务时,提供的还有无形的价值,帮助客户建设心灵品质,用这种形式来呈现商道。利益人心、成就他人才是真正的商业文明。商业与公益的融合实际上就是利用商业的最大价值去做更大的公益事业。这里的更大,不仅仅指形式上的规模更大,还包括更好的产品,更好的服务,更可持续的发展。

首先,养老是一件崇高而伟大的事业,其发展需要一定的合

正心奉道

力来保证，需要坚持长期主义，赚合理利润、赚慢钱，只有这样的商业模式才能够实现企业的长期性。其次，长期主义需要成功的商业模式来支撑。如果能够用这样一种商业模式来解决社会养老大问题，实现社会担当，推动社会进步，这就是最大的商业文明。在九如城成立的前十年，我们完成了很好的生活照料，建立了所有长者的健康体系、促进体系、关怀体系，未来我们更多地要从精神关爱着手。这几年当中我做了几件自认为比较有意义的事情。

第一，我们首创养老综合体并且在2012年落地，现在已经全部进入运行，所有医院、养老院、护理院的入住率可观；第二，我们每进入一个区域，就在这个区域建设四级养老体系，在全区域当中解决养老的问题；第三，我们创造了真正能够落地且运行良好的医养结合模式，国家、省级相关部门考察后都给我们很高的评价；第四，我们创建了一个两全模式。前十年时间，可以说九如城建立了养老行业的初创模式和长远的闭环。

登山是我的最大爱好之一。养老被我认为是人生的第二个高峰，等待着我一步步地带领团队实现攀越。我想随着社会经济的发展，一定会有一批人愿意投身去解决养老这类重大社会问题。我们在行业当中也做了很多领先的思考和模式的探讨，未来我们要将这个行业带到一个更高的层面，我们要从这个行业的领先者，变成这个行业的领导者。领先者是一马当先跑在行业的前面，尽量把竞争者和同业者甩在后面，领导者则是带着这个行业共同前进。

我在养老行业当中也收购了很多类似的服务企业，只要是涉及长者的企业，我都会参与投资或者收购，并且利用原有的体

第四章 恪守人道

系,扩展更多的业务,大力支持企业发展。在包头,有两个小姑娘把家里的房子卖了去做养老服务,我对她们说:"我一定会支持你们,你们的初心太伟大了。"所以,在这个时代,我们欢迎更多的人来参与到这个行业当中。我们不仅要当行业领袖,我们还要给这个行业赋能,我们要给他们的战略、标准、服务等赋予强大的能量,进而为这个社会做出重大贡献。

九如城还创造了很多关于养老行业的新做法,也在实践的过程中积累了很多。我们现在塑造了三个层面的志愿者。我们要做天下父母的子女,为天下父母去尽孝,达到用生命唤醒生命的最高境界。伟大、崇高的事业离不开志愿者,我们专门建立了一个"志愿者时间银行",参加志愿者服务,可以相应储存服务的时间,给未来的他或他的父母在九如城养老使用。

之前我曾经聆听过陈春花教授①的讲座,她用"爱她就带她去吃哈根达斯"的故事,描述了这个品牌创始人的初心,很好地诠释了"商业的本质是抱有生活的意义"这样一个深刻哲理。当我们用"爱"来诠释哈根达斯的时候,我们更多不是记住了哈根达斯的味道,而是我们将它赠予的人。其中有两个层面。

第一是用心。用我的爱心去带着我认为要带的人,例如带妈妈或其他家人,去吃哈根达斯。这种爱心启动的时候,内心当中已经有了爱的起心动念。第二是仪式感。你去哈根达斯的时

---

① 陈春花,北京大学国家发展研究院 BiMBA 商学院院长、北京大学王宽诚讲席教授、新华都商学院理事会理事长、华南理工大学工商管理学院教授、博士生导师、新加坡国立大学商学院客座教授,曾任新希望六和股份有限公司联席董事长兼首席执行官。

正心奉道

候,用隆重的形式带你所爱的人去享受这种仪式感。她跟你面对面坐在一个小桌子上,相互凝视着,共享着同一种味道,你们感受到的并不是味道的本身,而是味道背后的爱。

受这个案例的启发,我也一直在考虑:我们怎么对我们的父母表达爱?九如城是不是也可以把一些场所变成爱的场地,在九如城这样的一个幸福体系当中去创造更多的哈根达斯故事、更多的长者生命故事、员工的奉献故事、家属的孝爱故事、志愿者的无私故事,这些所有的故事连起来就体现了九如城的爱。我们要把爱传播到社会的每一个角落,让更多的长者享受爱的服务。

我想带你去九如城社区服务中心看那里的老人过着怎样的幸福晚年生活,让所有的子女能够有一个尽孝的方式,也让老人到社区服务中心去享受九如城提供的幸福服务体系。当我们慢慢在所有的社区服务中传播的时候,我们就把社区服务中心变成了一个爱的道场,当来享受这种幸福生活的时候,他的仪式感、参与感就得到了更多的传播和营造。

我们很容易可以实现这点,我们可以利用居家服务,也可以请一位九如城的爱心使者给家里服务,例如康复治疗、家政服务、心灵慰藉等。这种爱用不同的方式去表达后,九如城就变成了一个爱的使者、爱的符号。当我们家里的长者真正需要帮助的时候,那么他们就会想到去九如城,而不是不愿意去养老院。这样,九如城就真正做到了让阳光照进每一个长者的心田。

我们用这种形式、仪式感去表达对每一个长者的爱和孝,只要我们有这份心,我想没有一个长者不愿意来享受幸福的晚年

第四章　恪守人道

生活，也不会不愿意进入九如城这样的养老机构。这也是整个九如城未来要面向全社会推广的一种幸福体系。我们真正的目标就是让更多的人去享受到关怀和爱，并且可以用这样的一种形式来表达。

正·心·奉·道

第三篇

以德为先

第五章
德才配位

第一节　要"驮得住"

《周易》曰："君子进德修业。""德"就是品德、道德、德行，涵盖了诚信、仁义等美好品质，其实就是要求人们遵从一定的思想和行为规范。根据品德高低，我们通常把人分成五种类型：士人、能人、君子、贤人、圣人。对于这五种人的品德标准的要求不尽相同，因为他们处在不同的层面。我们经常说德配位，在什么样的位置就需要有什么样的品德来匹配，这需要从五个不同层面的人来加以区分，实际上就是按照自己的类型去设定，因为每个层面都有不同的品德要求。

如果我现在是士人阶段，那我的品德可以与士人相配。如果我以士人的标准来处理事情，或许我的品德已经高于这个阶段的要求了。但是，当我们站在更高的层面，从能人、君子、贤人、圣人的角度来看，我又要具备什么样的品德要求？结果肯定是不同的。所以，从士人上升到能人、君子等阶段就需要更高的德性才能胜任。不是管的企业大了，管的人多了，经营范围大了，你就是大企业家了，关键是你的品德有没有达到大企业家的高度。

要到君子或更高层面，去把握多大的事业，就需要有多大的品德去配位。对企业家来说，品德、事业、权力之间，相互配位是最重要的。说到这一点，给我印象最深的是我们中城联盟的建

正心奉道

业地产胡葆森董事长。他字写得特别好,在企业家中德高望重。有一年新年,他送给我们每人一把扇子,上面写了三个字——"驮得住"。这三个字有很多场景可以描述,我想到的是:一匹马驮了两大包东西,在平路上走走还可以,一旦遇到上坡的时候,它就走不上去了。

其实,胡董事长的意思是想告诫我们这些企业家:在拥有这么多财富的时候,一定要能够立德修身,多考虑德配位的事情。企业家大多处于能人阶段,但如果想进一步发展下去,不仅仅要考虑才能需要提升,更重要的是提升品德水准,就是要考虑自己能不能驮得住的问题。

现实中,企业家在正常情况下带领大家经营时,一般走得都还可以。但是一旦遇到不确定状况,如经济危机、行业滑坡、公共事件等,可能就有一大批企业会倒掉,倒掉的这些企业大多是由于他们的企业家驮不住了。反过来,如果在不确定状况下,还能够崛起、成长,那才是真正的成长。这样的成长背后多依靠的绝不仅仅是才能、机遇、资源这些因素,而是品德的支持!

在平路上行走时没有发现这种危机,可能还展现不出企业家品德的力量。但当外围有很多不确定因素展现的时候,品德的重要性就凸显出来了。换句话说,我们平时修德就是为了更好地来抵抗可能遇见的一些不确定性。所以在品德的第一个层面,我想用自己这样的感觉来谈:我们做多大的事业,统筹多大的事业,要有相应的品德来配位。

我们经常说德需配位,应该从人物的层面来谈,还有就是应该从我们成长的每一个阶段来分析。比如在学校读书的时候,就需要有学生对应的品德要求。学生首先要尊重老师,如果一

第五章　德才配位

个学生在学校里智、体、美、劳等方面都很好,但他就是不尊重老师,那在我看来他 100% 不是好学生。所以,国家强调培养学生首先要德、智、体、美、劳全面发展,尤其是德要放在第一位是有一定道理的。大学生毕业刚刚参加工作,在单位中对上级是否尊敬、与同事是否和谐、对下级是否尊重,都体现了这个人的品德。单位的主管、核心领导、董事长,品德的要求又不一样了。

和前面提到的五种类型的人一样,实际上每个人在每一个阶段,品德的要求同样也是不同的。一个人品德的塑造和形成很大程度上是从家庭教育开始的。品德是从小开始培养的,你在家庭当中营造氛围以培养孩子树立更高的品德特别重要。从出生、上学再到社会,每一个阶段的要求不同,塑造方式也不同。

这就要求我们在每一个阶段,要确定自己的品德要求。在成长过程中,往往自己要求越高,成长就越快,成长越快,要求又越高。人生每一个阶段要有不同,你不能认为自己现在是主管,品德已经足够了,往上升一级,你就要不同。我一直跟大家讲,你的级别在不断上升的时候,你所有的格局境界要高。心中的格局就是一个人眼光、胸襟、胆识等心理要素的内在布局。做人最重要的,不是能力的高低,而是格局的大小,而格局的大小取决于自身修的品德高低。

我们选人用人的时候,首先还是要看他的品德。我认为能力的强弱都体现在个人的品德水准上。一个人才首先一定要有德行,只有有德行的人,才能称之为人才,单有专业知识和技能是不能称为人才的。尤其是只有专业技能而没有德行的人绝对不能用。德行比学识、技能更重要。只有先以德立足,才能在立德的基础上把才华、能力施展出来。

正心奉道

一件事情由不同的人来处理，一定会呈现不同的结果。常规的事情，比较简单的事情，也许不容易看得出来。有难度的事情由两个德行不同的人去处理，一定得到不同的结果。德行好的人去处理，可以把这件事情处理的特别好。在企业发展中，在办事的过程中，就看这个人在办事过程中自己怎么去处理他自己与这件事情的关系、他自己与对方当事人的关系、两家公司的关系，以及自己与社会的关系。很多事情是社会的缩影，如果处理不好，就会产生很不好的影响。这在我们企业中太多了。用什么样的德去处理什么样的事情，很多看起来糟糕的事情，德行高的人去处理，却能得到好的结果。

2021年，我给九如城的发展提出了三个主题词：品牌、品质、品格。品格包括员工品格、院长品格，我们管理层的品格，最终到老板的品格。品格在我看来就是"品德＋格局"的意思。从更高的层面看，我们打造九如城的三品，最核心的就是品格，就是不同层面格局下的品德。员工要有员工之德，院长要有院长之德，高管要有高管之德。所以我现在有一个重要的想法，要更多提升高层中员工的品德水准，因为我认为个人的品德是可以培养的。事业的成败实际上取决于我们这一群人的品格高低。品德决定了你的规模、品牌效应。我们的品格就在于我们展现出的思想、语言、行为。

当外面的人接触到我们的员工时，他能够看到九如城品格的表现。当然员工的要求、院长的要求跟我们高管的要求还是不尽相同的。我们的品格展示的是我们内心中的心灵品质。品格的高低与我们心灵建设有关。我们的理念、思想、语言、行为，包括任何一个表情，汇总起来，就是德。一个公司、一群人、一个

第五章　德才配位

整体都展示公司的品德，所以这也是我在未来要求自己和九如城去做的事情。

怎么样去培养各个层面的品德？其实从我的理解"德"某种程度上就是约束，约束我们哪些事情不能做，哪些话语不能讲，哪些起心动念不能有。星云大师曾经讲过，人要说好话、做好事、做好人，做到三好。我认为要更进一步，起心动念，到思维，到语言，再到行动，如果在这些过程中能进一步约束自我的话，某种程度上就已经开始建设心灵品质，已经在修为。实际上在这种约束下建立对自己的品格要求特别重要。

有时候，我和一些公司高管聊天，看到他面部的表情、他的语气、他的神态，就能够了解到他的起心动念。例如有人经常会唉声叹气，那就说明他内心有不服、怨气。我观察到这样的一种细小的状态时，就会提醒他："跟我在一起聊天，不可以有这种行为，不可以这样唉声叹气。因为唉声叹气的状态就代表了内心有不服气的想法或起心动念和我的要求不相符合。"这时候，我就要求他约束或调整这种心态。对他们要求的次数多了、时间久了，他们的状态也就慢慢改过来，内心世界也都改过来了。再和他们聊天的时候，他们就不会有消极而不服的怨气了。

这个过程，其实就是我们不断地约束自己的起心动念，约束自己的语言，约束自己的行为，修正自我。如果这样的自我修为越多，一个人的品格就越会向着能做的事情的方向发展。那些不能做的事情、不能想的事情、不能讲的事情，就在这个修为过程中被不断地去除掉了。修为、约束越是严格，自我品格就会升得越高。严格的自我约束会不断地提升自我的品格，升华自我的品德。

正心奉道

所以，如果不提升自我品德的话，就没有办法更好地成长。每个人的生命都有底色，每个人的品德也都有一个基数，我认为大多数人的底色都是性本善。但是，为什么后来会越来越有差异呢？这其实是个人内心的贪欲引起的。每个人内心都有欲望，欲望越多心灵上的灰尘就越厚。欲望增加的时候，有些人能够抑制这样的欲望，或者通过经常的反省，不断清扫内心的灰尘，那么性本善的底色仍旧会保持得很好。

另一方面，如果我们又碰到了更高层次的人，与他们在一起的时候，就能够受到更高品德的影响。我前面之所以提到胡葆森董事长的故事，就是因为他的品格高，我们和他在一起的时候，他的品格就会给我们很好的正能量影响，带着我们往更高的格局去发展。还有如果我们和一群志同道合的人在一起，和老师、同学、挚友一起，就可以相互影响。

在这样的氛围里，相互之间的沟通交流其实是我们互修的过程，这群人的品德也可以相互影响。我们会自然而然地学习老师、同学们身上的品格优点，我们相互之间就慢慢形成了互修。如果这样的场景放到一个团队、一个公司的话，创始人倡导这种互修场景，所有人都规范约束自己，氛围就特别向上。这个时候，团队、公司的品格就上去了。一群好品质、好品德的人在一起，正能量就上去了，团队的品格整体就上升了。

当然，品格的高低有时也不一定和人所处的层面相关。例如，我们九如城中也有高品格的普通员工。我判断他们的品格高低，是基于他自身的视角。九如城去年宣传的好员工中，有好几位大概做了十几年的养老工作。他们每天早上四点半从家里到养老院开始工作。他们这样勤奋的原因是他们心中有长者。

第五章　德才配位

他们认为，院里的长者们需要他们，他们就应该早点去，把工作做好。这些普通员工的品质就是勤奋。有很多很好的护理员，一辈子都是护理员，他们的品格已经是绝对高的。

但是，再往上层面，好的品质就不光是勤奋了，可能要加上智慧、能力等。要去帮助更多的人，不能说只要把自己的分内工作做好就可以了，还要看他能不能带领 10 人、20 人一起把事情做好。他如果能带领 10 个人做，他就可以做到组长；他如果能带领 100 个人做，他就可以做院长。他做一个人的事情，勤奋就是他很好的品德。但是带领 10 个人一起做事情的时候，对他品德的要求又不一样了。就像之前我们所谈论的五个不同层次的人，他们具有不同的品德要求和标准，承担的社会责任也是不一样的。

未来，我们将不忘初心，再次出发，我们要找到全新的动力，最可以无尽开发的地方就是我们的内心。我们要寻找心灵之动力，来继续提升我们的德行，真正做到知行合一。我们在自己的心灵深处建设心灵品质，开发心灵宝藏，更要为他人来建设心灵品质。我们人生重大的秘密是心中拥有无尽的宝藏；人生重大的真理是行为作用与反作用；人生重大的战略是建设心灵品质；人生重大的价值在于成就他人的心灵品质。这四句话在九如城上下，从基层员工到高管到我，每一个人都在不断地学习，为自己从中找到价值。

我们在不断推行心灵动力的过程当中，也找到了真正开发我们心灵宝藏的钥匙。我们每个人都会在自己的心灵深处来建设自己，我们人生真正的成功在于健全的心灵品质。依道而行，达成目标，同时拥有幸福自在乃至圆满觉悟的人生，这就是我们

正心奉道

真正追求的成功。幸福就是没有烦恼,自在就是没有什么挂碍,圆满就是没有缺憾,觉悟就是没有不明。

第二节　真　诚　质　朴

刚才讲到我们一群志同道合的人在一起的互修,我又讲到现在我们一个团队、公司共同成长进步的过程。当我们全社会品格都上去了,想想这是什么样的场景?我认为这就是推动社会文明进步,在商业中就叫新商业文明。

在我看来,推动新商业文明发展的最好途径,就是用企业的上下游、价值链、供应商等体系来延伸这样企业高品格的氛围,合作者之间就能实现真诚信任的状态。所以,九如城与供应商合作的时候,一般都要签署阳光协议,做阳光交易。就是和九如城做生意要阳光,不能有乱七八糟的事情,一旦查实,九如城会有相应的处理。

合作过程中,对于品格好的合作伙伴,我们就多和他们合作。我们希望,用我们自己的经营行为去帮助和约束我们的供应商,和他们建立长久的合作关系,我们一起共同学习成长。我们还会引导他们、培养他们,倡导他们做公益,尽量给他们正向的东西。我们开供应商大会时都会做一个公约,倡导所有的供应商一起做公益,一起捐给公益机构。

我告诉所有合作的企业,大家一起做大,往更高的格局努力。我们共同努力塑造的养老行业的氛围,不仅仅是引导和影响了九如城整个供应商体系,还影响了我们的客户。我们一群

第五章　德才配位

人是这样的一个品格,我们所服务的客户一定被我们感动,一定被我们提升。长者提升了,家属、子女同样也提升了。之前讲到孝道,实际上也是这种传播。品德也是这样一种提升。

当然,要想和商业伙伴、供应商一起实现这些共同成长的目标,最重要的是要在合作过程中建立信任,商业伙伴之间的信任是第一关键要素。因为,如果我们彼此建立信任基础以后,双方的资源、平台、信息等都能够彼此分享和使用。当然,建立信任的过程不是简单的资源交换共享的过程。在我看来,商业伙伴之间建立信任需要以下三个关键因素。

一是彼此的资源价值对等原则。你想建立合作伙伴的时候,首先想到的是什么?对方的资源。你要做他生意,对方有资金;你要跟人家合作,对方有技术。我们现在跟很多央企一起合作,因为央企的资源是比较丰富的,想合作一定是想到对方的资源。但是,我们要考虑凭什么去获取人家的资源。这一点我们要想清楚。现在,央企找我合作,他凭什么想跟我合作?他需要我什么?我有什么给他?我们合作的价值要对等。就像中国改革开放初期,采用"市场换技术"的原则和国外企业进行合作。同样,央企找我来合作,他们资源比我丰富。那么,我能不能把我的运营经验、服务质量等资源拿出来和他们合作。

所以,合作就是信任的基础,信任就是各方资源对等之间的合作。其实,在商业合作互动过程中,每一个合作暂时可能不平衡,比方说跷跷板,有时会倾向你这边,有时会倾向于对方那边,但是未来一定会到一个平衡点。你把资源给我,我到达这个平衡点;我再愿意付出,我再给你;你再给我,只有这样来来往往,最终才能够达到合作平衡。

二是交换的真诚原则。这是我在和商业伙伴合作交往时所秉持的一个原则。一般情况下在与人交往过程中,每个人都会遇到一个同样的问题,首先你愿不愿意先付出?到底是先给予还是先获取?这样的问题会有两种答案,出于回避风险的考虑,大多数人往往选择"来往",就是先希望能够从对方那里获取自己希望的资源,然后再考虑给予对方资源。根据我的经验,大概80%的人都会是这样的选择。你想跟我合作,你是不是先给我点好处,我再给你好处。你先给我,要不然我一直给你的话就建立不了平等,建立不了平等就不会永久地合作,因为相互合作本质上是寻求一个平衡点的过程。还有一些人会想,为什么我先给你?应该先给我,再给你,这已经算是不错了。甚至,还有很多合作到后来会变成有来无往的败局。

当然,少数人会选择"往来",先服务对方,用我的先行来换取对方的后行。我先给你,你再给我一点,大家平衡了;我再给你一点,你再给我一点,这就是更平衡。这是一种更高境界,但是又更简单的合作原则。先利他,再成就自己。依我的经验看,这样合作的成功率高于50%。和商业伙伴合作的时候,只要先利他,最终绝对会利己。这就是我所理解的商业合作中的第一性原则——合作伙伴之间的真诚性原则。我们的真诚是每一个合作方都要能够真正了解这一种合作原则,这也是我从商这么多年来,一直秉持的商业合作之道:利益他人,成就自我。

三是对待利益的原则。EMBA在国内已经流行了很长一段时间了,很多人去EMBA都有这样的想法——看能不能借助这样一个平台,多得到一些同学的人脉资源,进一步寻找一些可以相互合作的商机,即所谓"先做朋友,再做生意"。有了同学、

第五章　德才配位

同门的感情,更有助于今后商业上的合作。出于不同的认识和格局,这样的想法当然无可厚非。但是,我始终不能接受这样的观点。

在我看来,先交朋友再做生意,90%的可能到最后连朋友做不成了。如果做一个调查的话,同学之间的合作大概99%是失败的。为什么会有这样的情况呢?因为,这样的初心是本身就是一种基于利己的想法。选择去读EMBA的时候,如果不是仅仅为了获取知识、提升自我,而是想通过学习圈捞点资源做生意,那这样的初心难道不就是想先利于自己吗?在这种初心的支配下,今后即使有了商业合作,先利己后利人的想法也可能使这样的合作走不好、走不远。

更高境界是什么?就是合作中的利他之心,这才是商业合作成功的原动力,是价值共生的核心原则。在这一原则下,甚至有可能将商业场上生意伙伴变成真正的朋友。在商业合作过程中,交往的双方如果看到的是彼此之间的真诚、信任,基于共同的认知和格局,换位思考的利他优先的商业思维和逻辑,不仅合作双方能够实现共赢,到最终还可以做真朋友,这才是更高的境界。从生意伙伴发展到真正朋友这个关系,是通过什么?通过对利益得失的态度,来判断出来哪些是真正可以交往的朋友。合作做生意的过程中,双方利益有得有失都很正常。但是,只要秉持互有往来、利他优先、平等平衡的原则,这个过程中,我们不仅能够维持发展正常的商业利益合作,还一定会判断出哪些生意伙伴可以通过交往成为真朋友,那种可以做一生的朋友。

所以,回过头来看之前谈论的"驮得住"这三个字。要上坡才能看到马匹是不是能够驮得住,人跟人之间的交往也要放在

正心奉道
▶▶▶

价值原则：价值对等大于资源对接		内部信任：员工之间的和谐
付出原则：先行付出早于后行付出	建立信任	客户信任：客户关系的信任
利益原则：利益他人先于利益自己		商业信任：商业伙伴的真诚

商业合作原则

利益环境中去看，才能判断出哪些只是利益朋友，哪些才是真诚朋友。一锅开水是很多的利益，把自己放进去煮一煮，看看会不会变色，这很重要。但凡用纯粹利益得失去判断，那双方一定建立不了信任。我们对待事情一定是用是非的角度去判断，而不能从得失角度去看待。这件事情对社会有没有利益？就像我们每次做"百城万院"公益讲座时，我都要花很多精力去准备。但是，公益讲座从来不收费用。有些城市还要去请民政系统去安排，还要和他们好好解释和安排计划。我们的拓展人员说："我们老板来帮大家讲课，如果养老院的院长听过我们一堂课，听过我们一个系列的培训，他今年冬天就真的不用再怕了。"

第三节　仁爱胸怀

从事养老事业不光需要情怀，还需要胸怀。在这个行业，会遇到很多意想不到的困难和问题。这些困难和问题既是对从事这个行业初心的考验，也是对从业者胸怀的考量。

前段时间我们曾经碰到这样一件事情，我们在某个地方的养老院租约到期，需要与当地主管部门商量续租的事情。当地

第五章 德才配位

提出来要涨 50% 的租金。他们表示，这块地方租给商业的话就是这个价格。我们当地的总经理去谈了，提出是不是可以少加一点，但是谈不下来。问题反映到我这里，我直接告诉当地的总经理，赶快在边上再找一个地方准备搬迁。同时，告诉当地主管部门，请给我 3 个月时间，我们装修好后就把养老院和长者都搬过去。我不租你的没关系，这么高的租金我承受不了。因为如果按照租约条件同意涨 50% 的话，在保证养老服务质量的前提下，长者的费用就要相应涨价，虽然不会对应的涨到 50%，但是不管涨多少，对于长者们来说都太不现实。所以，我可以搬到其他地方去，但是要给我 3 个月的过渡期，以便我们能够维持院里长者们正常的养老生活。

当地部门接到这个消息后，派人来继续和我们商谈。我告诉他们，做养老其实真的不比其他商业项目，我们的出发点一定不是为了利益回报，而是真心想为长者们提供有质量的养老服务。但是考虑到对方的诉求，如果涨 5% 的租金的话，我们是可以接受的，但是如果再涨高的话，那我们真的没办法做下去了。因为，大家以为企业就是保护自己的利益，而我想保护的不仅仅是企业的利益，我是保护我们养老院的长者的利益。如果我们仅仅考虑企业利益的话，那么我完全可以在 1 个月内就关掉养老院。但是这样做的话，院里那 100 多位长者怎么办？当然，我们同时还要做院里长者的思想工作，与他们沟通交流，让长者提前有一些心理准备。我们去处理这事情的时候，确实没法确定最后的结果。没有办法去确定对方的品德，实际上就是对方的品质不够高。

这个事情也呈现了我们做事情的品德、原则，也就是我们的起心动念,它与品德的高低有关,决定事业的成败。我做小的事业可能是因为运气,但真正要成大事的话,必须要有品格、胸怀、情怀去支撑。做一项事业的成败是品德的事情。

所以,我创办九如城,一直以来都坚持做到以下三个"心不变"。

初心不变

我们全心全意为长者服务的初心不变,我们真心做养老,坚决不动摇。在行业中很多主管部门都了解到九如城最根本的一点就是九如城是真做养老,老谈同样也是真做养老。这个"真"就是代表了我们的初心。我们全心全意为长者的幸福用心每一天、用心每件事、用心每个人,真正全心全意为长者服务,为社会解决重大问题。我们真诚地传播传统文化、孝道,推动社会文明进步,使家庭更幸福。

孝心不变

我们视天下长者为父母的孝心不变,养老的本质是孝道,孝道也是家族兴旺之道。我们要再振长者在家庭中的威望,加强培育小辈的敬老、爱老、孝老这种理念。"尧舜之道,孝悌而已矣",养老的本质是孝道,养老是孝顺的事业。圣人之道崇高而伟大。让天下的子女尽孝有道,我们用生命来唤醒生命,成就更多的志愿者。我们用自己的行动来带动团队,带动社会更多的人进入志愿服务,遵循中华传统的文化——孝道。

爱心不变

让阳光照进长者心田的爱心不变,长者、员工、家族的幸福,这是我们真正要追求的永远的目标。我们要让长者真正懂得生命的意义,让他们由抱怨到感恩,感恩这个时代,感恩子女,感恩

第五章　德才配位

这个社会给他们带来的幸福。我们要让员工真正懂得由工作变成奉献,将爱心奉献给每一位长者。

我们要让家属能够从不理解到理解,还要参与我们的运行当中,来成为这个行业的志愿者。从养老到教育,心好了,什么都好。我们要在心上用功,事上磨炼,我们会从生活照料系统到精神关爱体系,我们会从养老院到四合院,我们会帮助长者、员工、家属建设心灵品质,惠及他人。

九如城成立以来这么多年,在坚持"心不变"的同时,我也一直坚持"人不变"。我在复旦大学的导师苏东水教授、苏勇教授都教导我"以人为本、以德为先、人为为人",这是东方管理思想的智慧。我现在还找到了另一个路径,就是"从心出发,以人为本"。

从"心"出发的时候,我们的以人为本就会有很多不一样的感觉。我们的"以人为本",从客户层面来讲,一定是以长者为本,以家庭为本。我们要做中国孝道文化的传播者、天下长者幸福快乐的服务者、家庭幸福的推动者、社会文明的志愿者、成就他人的担当者,这就是九如城成就他人的企业使命。

我们要成就他人,首先要成就我们的员工。我们的员工一定以成长为本,我们的相关者一定是共同成长。我们在未来将成就百城战将、千名院长、万名站长,十万员工将成为我们的良知使者,为养老事业奉献爱心。我们也要成就百万个社区、千万个家庭。成就更多的人,这就是九如城的使命。

所以当我们以良知文化为基础,以善念善行为根本,以利益他人为原则,以知行合一为路径。这样要求我们的以人为本,那就是我们人不变之根本。我们将以家庭为核心,建立三个闭环系统。我们关心长者、关爱家庭、关怀员工，从关心"人"这个角度建立闭环系统。在这个闭环中，我们在每一个层面去推广，以期在不久的将来，在全社会形成幸福共同体。每个人内心当中都有这份光明，当我们全社会去共同诠释这样一种生命光辉的时候，我们这个社会就会更加和谐、文明。

这是我们每一个人奋斗的方向，向这个方向去做，就是惠及更多的人。在这个过程中，没有这么容易去利益到这么多人。我们要尽一切能力去利益更多的人。如果利益不到这么多人的话，那又该做些什么呢？要在全社会做到，首先要在行业中做到，行业中做到就需要有人来引领，要想能引领就要有真本事。

如何能够引领行业呢？首先要有规模，做到规模引领才能在这个行业有影响力。在行业中除了规模大以外，品牌好也是很重要的。今年同行们遇到我都会说："老谈你有这样的一个机会到武汉去，去值了！九如城的品牌价值在这件事情中上升了，现在我们没有这样的机会了。"

九如城在2020年获得了成功，主要是因为意外的援助武汉抗疫事件，把九如城的品牌拉到一个高度。但是，我们不能一直靠这样的意外机会来提升品牌价值。今后九如城应该怎么支撑这个品牌高度？怎么持续推动这个品牌高度？这件事我考虑了很长时间，我们凭什么来支撑九如城在养老行业中品牌指数第一的位置？其实还要回归事业的初心和核心。我们的初心就是服务全天下的长者，而养老行业公认的核心还是服务。

受到席梦思的启发，我就提出九如城未来发展的目标：让养老和九如城形成等式关系。要让行业所有的人知道养老就是九如城，在国内让九如城成为现代化养老的代名词、养老行业的代名词。

  这是个远大而宏伟的目标,但并非遥不可及,关键是要怎么去做才能实现这个目标。当然,实现这个目标需要一步步来。目前,九如城最需要去做的是持续提升服务质量,不断积累理论和实践经验,最终形成当前及未来养老行业的服务标准。那么,未来当公众看到九如城时,会自然联想到高品质的养老服务。

  要实现这些目标,我们的团队还需要不断提升,来保持我们的持续创新,我们的团队要有担当,我们要对行业有责任,对公司有责任,同时对自己也要有责任。我们要从整体性来解决系统问题,要有独立的能力去进行区域化的发展。我们要团结更多的团队、锻炼团队、成长团队,为社会去服务更多的长者。这就需要建立共同的价值体系。我们会有区域化的平台——社区平台、居家平台、专业平台,来支撑我们的互生共生、共成致敬、融合发展、自然自愈、责任跟情怀等要素的共同价值体系。这本质上就是九如城的价值观。

第六章
积 善 成 德

第一节　武汉,我们来了

2020年2月13日下午,我接到了江苏省民政厅一个特别的电话,他们希望九如城参与支援湖北养老院行动。我想到的第一个词是"义不容辞"。古往今来,国家有难时,必有仁人志士站出来"挽狂澜于既倒,扶大厦之将倾"。危难之际显身手。鲁迅先生说:"能做事的做事,能发声的发声。有一分热,发一分光,就如萤火一般,也可以在黑暗里发一点光,不必等候炬火,此后如竟没有炬火,我便是唯一的光。"而此时此刻,我希望自己和九如城能够成为那一点光。

支援武汉是党和国家给我们的任务。我们有这个能力,也有这个情怀,国家让我们去展现,我们必须尽百分百的努力去完成使命!我想,我们没有那么大的能力,但是我们必须有担当,这是每个人的责任。"天地虽大,但有一念向善,心存良知,虽为凡夫俗子,皆可为圣贤",此行尽管可能充满风险,但是我却没有一丝犹豫,我们有的是一腔热血、一片真心,但求我们尽自己的所能,为武汉长者带去希望,用肩膀为他们撑起一片天。

因为作为一名养老人,我深知新冠病毒在武汉蔓延对于长者们意味着什么,深知此次疫情将给他们带来怎样的灾难。他们是易感人群、脆弱人群,现有养老模式本就薄弱,在如此重大灾难面前也许会不堪一击,究竟应该怎么保护他们?所以彼时的我，心中唯一的渴望就是为长者做点什么，为武汉做点什么，为国家做点什么。

我想到的第二个词是"刻不容缓"。当天下午我立即发起了九如城倡议书，号召九如家人们支援前线。倡议书一经发出，两小时内共有212人报名。年过六旬的老院长说，"我是一名老党员，我请愿到第一线，请批准！"一位年轻党员说："这个时候，我必须挺身而出为武汉长者做点什么！"一个员工的孩子写下："同意妈妈去湖北做志愿者……"短短三天时间，我们精选了40位精兵强将。

我想，"责任"二字就是我们逆行武汉的核心。我们有义务、有责任让武汉长者幸福圆满。这不仅仅是出于对国家的热爱，对于职业的尽忠职守，更是我们发自内心的渴望。所以，我们怀着壮志和激情一同出发，我们在车窗边摇手告别，带着必胜的信念出发去武汉——一个最需要我们的地方。

2020年2月20日，我们抵达武汉。我们的武汉抗疫之战，正式开始了！

虽然抵达武汉已是晚上八点多钟了，我们还是马不停蹄地与当地对口支援养老院连夜召开了碰头会，和两个院长交流了大致情况。21号下午又召开会议，更是争分夺秒与院方详细讨论方案，确保严守院感安全这道防线。同时，也请江苏前线指挥部实战专家为我们讲了相关防护经验，对全体人员进行了全面的关于防护用品穿、脱、消毒等方面的培训。为了更好地做好武汉抗疫的工作，我们也早就制定了相应的详细作战计划。

在随后的整整33天的时间里，我们陪伴长者，陪伴武汉，守护生命，共度阴影。对生命之敬畏是我们此次"逆行"的核心所

第六章 积善成德

在。最重要的是,我们在武汉的抗疫绝不仅仅是一个团队在战斗。民政部领导亲临武汉指挥,深入一线,给前线的战士鼓劲。江苏省委书记致电慰问,省长为我们壮行。到武汉不久,江苏省民政厅厅长又亲自带队,尽江苏之所能为我们送来充足的物资,从防护装备到夏装,无微不至。他们带来的还有九如城万名长者的期望和万名员工的信任与默默支持……

我们当然不能辜负国家和领导的关怀与付出,不能辜负家乡江苏人民的重托,不能辜负长者与留守的九如城家人们的殷殷期盼。我们清楚地明白,驰援武汉的抗疫行动带着多么伟大的使命。我们的到来不仅仅是用专业的服务,照顾好长者的身体,守护他们直到战胜病毒,更要抚慰他们的心灵,从温暖陪伴

武汉抗击疫情

到光明其心，点燃长者们生命意义的火炬。

所以，在武汉抗疫的那些辛勤工作的时间，我一直在强调："我们在做好服务的同时，必须用心去关怀长者，鼓励他们，帮助他们建立信心。我们要让他们从内心深处深刻认识到，疫情一定会过去，战胜疫情的良方是我们每个人美好的心情。我们要无愧于养老人这个职业，无愧于养老人的情怀与崇高！我们要用我们的真心温暖长者和全院员工的心，用我们的真心感染每一位长者的家属。即使我们离开武汉，他们的心依然是暖的，爱的火种会一直燃烧，直至种满每个人的心间。"

我们确实这么做了，还总结出了很多经验，其中最重要的一点就是"心"，心中如何想决定了行为的性质，因而我们强调从心出发、用心服务，倾听长者内心无声的呼唤。同时，我们也探索和完善养老院防控工作的标准化体系、模式和流程，我们要在突发状况下能够快速做出示范，成为榜样，提供给行业学习。

2020年3月22日，到了我们该离开武汉的时候。33天前，我们在寒冬里义无反顾地来了；33天的患难与共后，我们在春暖花开的三月告别。离开武汉时，我们收获了很多很多的感谢——武汉领导、长者、院方员工，以及我们遇到的每一个武汉人。但我更想在这里跟他们说上一句谢谢，无关国家大义，这只是一个普通人对武汉人民的感恩，这座英雄的城市让我收获良多。

40位战士在前方共谱英雄曲，一路凯歌，让每一个人都感受到养老职业的崇高和伟大。后方坚守岗位的同事，个个都在努力创造，人人都在做平凡英雄，用自己的方式为前方保驾护航。我们相互鼓励，相互成长。

第六章 积善成德

33天的"武汉战疫",我们收获了长者的认可和依恋。一封封感谢信承载了太多的深情;一个个紧拥不放的拥抱承载的是长者的不舍;一句句"想你们怎么办"承载的是长者内心的呼唤。我们流着眼泪告别,我们结下了深厚的情谊。我们丢不下长者,放不下武汉,战斗中的场景长留记忆中。待阴霾散去,我们一定会重回武汉,我们终将重逢。

33天的"武汉战疫",我们的团队收获了无比强大的凝聚力和向心力,再一次强化了企业价值观,增强了每一个九如人的使命感。我们向着一个目标前进,心往一处想,劲往一处使,我们的战斗力极大地提升了。

33天的"武汉战疫",我们的企业收获了品牌的跃升和社会的尊重。九如人早就深知,一家公司要盈利简单,但要想获得社会尊重,成为头部企业很难,我们必须要承担社会责任,勇于担当。企业担当不是口号,要在国家危难时用实际行动去承担社会责任,为国家做出更多贡献。事实证明,福来福往,天道酬勤。

33天的经历,于我个人而言,是一辈子不可磨灭的记忆。我不仅仅收获了尊重和荣誉,更收获了心灵的成长,坚守志向,志愿未来。我的收获、我们团队的收获远远超过我们的付出,这些都是我们人生的宝贵财富。我们在一声声感谢中出发,我们在一句句感恩中离开。送零食的姑娘、来理发的小哥、公交车司机、社区的门卫大哥,以及太多的长者和子女都成为这个春天最美好的回忆。

这33天的经历,让我更加觉得武汉人民个个都是英雄,他们更应该得到全世界人民的感恩。我们只坚持了33天,而他们一直坚守在武汉。我想,2020年最美的词汇除了逆行者,应该

正心奉道
▶▶▶

还有"坚守者",每一个坚守武汉的人都值得敬佩。他们或自觉在家隔离,在疫情最严重时选择独自面对;他们或仍然冒着风险、坚守岗位,保证城市的正常运转,他们立于危险之地,没有停歇地为他人服务。

我们同样在武汉也播下九如大爱的种子。我们用九如的"五心文化"——用心、细心、真心、爱心、诚心服务长者,我们视天下长者为父母,惠及更多长者和家庭。未来,这颗种子将开花结果,用这33天积累下的养分蓬勃生长。英雄的城市孕育英雄的人民,致敬英雄的武汉,致敬武汉的英雄!感恩你们为抗疫做出的巨大付出!

第二节 义 利 合 一

早在春秋战国时期,墨子就认为:"义,利也。"他提出了"义利合一"的主张。他的这一观点饱受争议。"义"属于道德范畴,"利"则是体现物质价值,又如何能够统一呢?如果将"义""利"放在当下的时代来讨论的话,其实反映的是对"公益"事业和"商业"活动之间关系的看法。

"公益"这两个字是在高度的商业文明以后产生的,国外稍微早一些。改革开放前,很少有人去谈公益。改革开放初期主要的任务就是发展经济。邓小平同志提倡:"不管白猫黑猫捉到老鼠就是好猫。"很多人去搞经济,也有不少机关督办企业。大的社会层面,小的企业层面,都要先把产业、商业做起来,先赚到钱,完成经济任务。

第六章　积善成德

四十多年后的今天,经济已经发展到一定的程度,越来越多的人关注公共事业,开展公益行动。国内真正开始有公益事业实际也不过二十多年的事情,而且也是在商业文明逐渐成熟后再开始关于公益的讨论。所以,我认为商业是公益的一个基础,如果没有高度发达的商业社会,就无从谈公益这样的理念,也不可能去做这样的事情。一个企业要想从事公益行动,只有在商业上取得一定的成就才能实现自己的公益理想。

但是,当社会发展到一定程度的时候,企业实现了经济使命而不再为生存担心的时候,我们就非常有必要来讲公共责任、社会性问题了。当下的时代发展到了这个程度,经济发展到了这个程度,我们就需要去创造更丰富的社会文明。商业发展叫商业文明,商业在不断地进化,包括商业能力的进化、商业盈利的进化、商业思想和商业哲学的进化。

更高度的商业文明社会出现的时候,一定需要带上公益,因为高度的商业文明中一定有社会责任的主体,社会责任中有很多是用公益去描绘、打造的。最近,有很多家企业都在倡导商业向善、新商业文明。这也表明,更多的企业意识到,商业的真正目标是为了实现更加和谐文明的社会,推动社会进一步发展。这个时候我们需要利用高度的商业促进公益的发展,公益的发展再进一步促进社会文明。回过头来讲,我们辛辛苦苦赚这么多钱,我们社会改革开放做这么多事情,最终是为什么?习近平总书记说:"为人民美好的生活。"美好生活不仅仅是钱的问题,而是要家庭和谐、人民幸福,这就和社会文明有关。

公益是一种责任,更是一种品德。如果你在做每一件事时都能想到用公益之心践行社会责任,我相信你一定是一个品德

正心奉道

高尚的人,你不仅仅温暖了他人,感染了他人,更是照亮了一条光明大道。我们要用公益之心关照我们的商业行为,改变"商业的目标仅仅是赚钱"的思维,为更多人服务,推动社会进步。这是商业行为的首要目标。在这一过程中可以实现我们的事业梦想,体现企业家的个人价值。在商业中融入更多的公益元素,即商业向善,将会为社会繁荣、国家进步、民族复兴贡献巨大力量。我相信只要我们正心奉道,行公益之心,就能够在商业的大道上勇往直前,并在这个过程中实现伟大的公益梦想。就像《国语·晋语》中所提到的那样:"义以生利,利以丰民。"

作为经济型组织,企业以经济目标为主,追求利润是很正常的。尽社会责任也好,做公益也好,只有等到发展到一定阶段之后,在完成经济目标的基础之上,才有更多的精力、更大的义务去关注社会性的问题,再去谈公益。经济发展到需要企业来承担公益责任的时候,也自然而然地在促进社会文明,这是一个闭环。高度的商业发展促进公益,公益促进社会文明。因此,商业文明的终极目标仍然是社会文明。

我们的商业模式需要融入公益,倡导在商业行为中注重公益,让商业模式充满公益价值,让商业行为将社会变得更加和谐。同时,应该在公益理念中植入商业,利用社会力量更好地满足多元化、多层次的社会需求。如果我们在商业模式中融入公益,那么我们的商业行为每时每刻都在呈现社会价值。我们奉献给社会的不仅是一种经济的发展,更是一种推动行业与社会进步的力量。

对于一个企业家而言,目标不仅仅只是将自己的企业做大做强做好,更要带动行业一起进步,为更加美好的社会而不懈奋斗。这是因为只有行业好，企业的发展空间才会更广阔；只有国家好，行业才有稳定的发展环境。一位有远见的企业家一定会积极承担社会责任，把握公益与商业的平衡。

公益与商业的有效融合，能够使商业模式具有独特的时代价值和公益目标。当我们带着公益的目标去发展事业时，二者能够相互促进，共同成长，以达到共赢的局面，一定能够在达成公益目标的同时收获事业的成功。当社会上出现更多的公益组织，这些公益组织都朝着时代的公益目标共同努力，我们的公益成就一定会更大，社会也会在向善、积极的公益氛围内变得更加文明和谐。

公益与商业相互促进，才能共生共赢。单纯的公益行为缺乏外界资源的支持很难长久。以商业促公益，以公益提商业，公益与商业形成一个完美闭环，就能在生生不息中推动社会进步。所以在未来，重塑公益文化价值、培育发展社会企业是我们需要共同努力实现的目标。

此外，还有一类企业家把经济资源转移到对社会更有裨益的领域，这些企业家因此被称为"社会企业家"，他们用企业家精神创新公益，其企业被称为社会企业。社会企业在不同国家和地区多年的实践证明了公益和盈利是可以实现契合的，社会企业是一个可行的商业模式及可持续的公益途径。社会企业不能解决所有的问题，但是它的创新性可以启发、带动更多的人共同开拓新的市场，把新的产品和服务带给有需求的人群。

我们设有中大公益基金会，没有用慈善基金会的名称，因为在我看来慈善是一种施舍，有一种居高临下的感觉，而公益更多的是一种应该承担的责任。2009年九如城成立之初，公司董事

正心奉道

会决定,每年盈利的10%拿出来做公益。我的目标是到我退休的时候,每年的公益金达到一个亿,这样我每年能用近千万的钱来做公益。我们可以去全国很多学校帮助需要帮助的人,奖励优秀的学生。我们未来会更多倡导这样的公益行动和行为。

我们基金会有两个计划：S计划和O计划,即学生成长计划和老年关怀计划。老年关怀计划就是在社区中建立社区服务中心,免费给长者组织活动。我们现在还有一些社区服务中心免费提供午餐,政府也会购买我们的一些服务,让社区的长者中午有饭吃,不用回家煮饭。我们的社区服务中心,还会有很多学生在工作。未来在上海,我也希望上海中医大的校友、同学去做义工,去参加与长者的互动。我们有一个专业叫音乐照护,在社区活动中心当中,用音乐来照顾长者的身心健康,做一些很好的游戏。在老年服务中心,我们有专门的义工,也鼓励自己的员工做义工,帮助长者做一些生活起居上的小事。

当然,我们在讲企业责任、社会责任的时候,还是要限定在企业运行中。商业行为中必须要接受的事情,如环保、节能、和谐、合法等,都是企业的基本责任,是企业内部应该做的事情,必须在商业行为中要解决的问题、承担的责任。公益和社会责任是企业在外部的环境中所需要承担的更多的社会性问题。环保做得很好了,节能做得很好了,和员工的关系也很好了,我们还应该去传播社会文明,这就是社会责任。企业责任跟社会责任有区别,公益是更大范围的社会责任。例如,我带队去武汉抗疫的事情就不属于企业责任,而是社会责任。但是,我把九如城养老院里的长者照顾好就是企业责任。

判断一个人是否真正成功,我的感觉是最终要看他惠及了多少人,承担了多少社会责任。以这个标准来看,也许我算是一个成功的人。2021年年初开2020年年终会的时候,我说要有十万仁爱的员工,服务一千万个家庭,九如城大概连员工、服务对象、相关者加起来差不多一亿人。通过这样一项事业,个人的想法、产品和服务能够惠及一亿人的话,我认为还是非常有意义和价值的。

所以,坦率地讲,通过公益来树立社会形象并不是我做公益的初心。公益更应该是回馈社会、惠及大众的事情,而不是仅仅为了帮助企业树立社会形象来实现盈利目标。但是,另一方面来说,通过公益活动来带动全社会对公共事务的关注,让更多的人和组织来共同关心、参与社会公益事业,其实也是必需的。因此,当我们怀着一颗公益之心为社会做一些贡献,既是成就他人,也是成就自己。

第三节　新时代引领

客观地讲,通过做养老这样的社会事业树立新时代社会模范形象,并不是不可以去追求的,也并不与我们做养老事业的初心相违背。从事养老可以算是我职业生涯中的一次创新,也是与我携手与共的团队成员们的一次创新,我想正是对整个行业的审时度势,对老年需求的调查研究,对自身资源的优化配置,让我们有了二次创业的勇气。九如城最终想打造的是养老综合体的创新模式,这也是我心目中达成社会事业和盈利平衡的社会企业的理想模式。

正心奉道

　　所以我觉得，站在社会事业的角度去树立九如城在社会上的模范形象是无可厚非的。因为，我不是冲着赚钱才去做这个事情。可能我们前12年的品牌建设的效果，还不如我们去驰援武汉所创造的品牌影响力。但是，去武汉抗疫是九如城，是我老谈的社会公益责任，而不是为了宣传九如城的品牌才去。我不仅带着钱还带着命去的，当时有多少人敢拿命去做这件事情？而我们是真的冒着被传染的巨大的生命风险去做这件事情。没有做社会公益的情怀是根本不会做出这样的决定的。我以前曾经讲过，做行业、做企业、做品牌、做服务，通过做一个非常有意义、有社会责任感的公益活动，企业的负责任社会模范形象一下子就建立起来了。这就是最好的案例。

　　2020年的武汉抗疫，所有人都知道我们不是冲着利益才去的，所有人都知道我们不是冲着当英雄去的，我们谁又想去当不怕死的英雄呢？但是去了你就是英雄！危机逆行才是企业承担社会责任的真实体现！只有把这种担当长久贯彻落实在企业自身发展之中，才能真正让员工与企业一起成长、让企业与社会一起发展。逆行对于普通企业来说不一定是必要的，但对于一家好企业来说是必需的。

　　武汉抗疫的经历更让我体会到，那些勇于担当社会责任的企业才会被社会所尊重，因为它们创造了属于自己的社会价值。企业在危机中能够生存下来，已经殊为不易，若还能担当社会责任，必能获取社会的回报。用很实际的目光去看，九如城的品牌影响力得到了飞跃式的提升。也许就是危机中短短几十天的表现，超过了过往多年的品牌宣传，因为我们获得了客户发自内心的尊敬。他们在使用我们的产品时都会觉得自豪，他们能够切

第六章　积善成德

实感受到自己的消费最后都能成为对于社会的贡献。

危机中逆行,除了是去为社会解决困难,也是对企业自身的一种锻造。这种锻造的出发点就是企业对于天下一家的认知。企业是社会资源的盘活者、调动者,是让资源得到合理分配的推动者,我们要清楚认识到,企业是服务于整个社会的,而不是服务于少数人的。在这样的基础上,在国家危机时,在社会危机时,企业能够站出来,往往能有效激发员工埋藏在心中的爱国情怀、奉献精神。事实证明,企业选择去承担社会责任时,员工都会自发去承担属于自己的一份责任,他们会切实体会到崇高感和价值感,因为我们真正追求的是所有人的幸福。

就像此次疫情来临,九如城选择逆行奉命,承担支援任务,公司迅速形成强大的内部认同感,向心力也快速上升。在短短两个小时内,有212位员工报名志愿者,充分证明了公司价值观的高度认同。其他员工都积极捐款捐物,所有的正能量一下子调动起来了。支援队伍迅速成形,物资迅速准备到位,必胜信念仿佛旭日东升般高涨起来。在武汉的三十多个日夜,天天都有感人事迹,危机下团队意识超强,从个人防护到真心服务,专业消杀到院感管理,点滴都是用心在做,充分展现了九如人的崇高境界。

其实,2020年的武汉抗疫仅仅是九如城这么多年来在养老行业奋斗的一个缩影。九如城要做一个专业的养老服务公司,用我们专业的服务惠及更多的长者,这个目标一直都没有变,十多年承载了我们很多的工作辛苦跟努力,我们发扬了很多中国传统文化的美德,我们的孝老、敬老、爱老、尊老充分体现了九如城以孝道为主的养老公益的探索。我们在未来,一定还是从利

正心奉道

益他人出发,以服务社会为宗旨。只要是有利于长者的事情,我们一定去做,并且为之而奋斗。

第一,更需注重以需求为导向,全面增强长者幸福感,从长者需求端出发,优化我们的服务供给体系。从满足长者需求,到引导、培育长者需求,再到为长者创造新需求,全心全意做好为老服务,帮助长者追寻生命的光明与圆满。九如城通过12年的发展实践,探索出养老的本质是孝道,孝道的载体是家庭,家庭的向往是幸福。我们沿着这个路径在做好为老服务的同时,奉行孝道,致力于让养老回归家庭,真正让千万个家庭幸福起来。这是我们的最终目标,也是我们的使命。

第二,增强发展信心,为社会解决重大问题。养老问题不仅仅是一个社会性的大问题,从侧面来看也是时代给予我们的机会,是为长者幸福奋斗、推动社会进步的伟大机会。我对养老行业的未来发展有信心,因为养老是关系到民生福祉的大事业,是未来社会的发展趋势,也是我们必须要解决的重大问题。我们要顺势而为,不断创新,用专业和实力加速养老产业发展。同时也应放宽视野,提升格局,不要被眼前一时的困难吓住,坚定发展的信心,持续担当社会责任,培育国际化思维理念,做行业的探索者、组织者、引领者。

第三,凝聚共生力量,共赢产业未来。我们每个人都做出一点贡献,养老行业一定未来可期。尤其是后疫情时代,更要依靠组织的力量,我们要与政府部门、同行、合作伙伴之间保持良好的沟通,构建共生型组织,共建养老新生态,开放包容、互学互鉴,共同为解决社会重大问题而不断奋斗。

随着社会老龄化程度的加剧,养老行业逐渐会变成全社会关注的行业之一,得到大家普遍的关注。每一个人都离不开这个行业,所有人都会想到这个问题。这时候,企业就变成全社会都关注的企业。我们希望能够做养老行业的领航者,去引领养老行业的发展。为此,我们在九如城第二个九年计划中,专门制定了三年引领计划,就是希望能够实现行业引领的目标。

目前,九如城已经有 5 万张养老床位,在全国养老机构中属于行业翘楚,在养老行业中已经有能力承担引领的作用了,成为受到社会认可和尊重的头部企业。未来,我们始终坚持普惠养老层面,养老的初心永远不会变。我们会不断提升产品与服务质量,迭代更新,用最新的技术来引领、打造生态旅居,用科技的力量来推动、适应社会发展需求,用自己的成功去影响行业的发展,回馈社会和大众。

正·心·奉·道

第四篇

人为为人

第七章
为天下长者

第一节　个人的修为

　　个人的修为就是自己对做人、做事有正确的原则,反映出一个人的道德品质、行为本质。其实做人的原则,每个人心中都会有一个目标和方向。

　　在我看来,善良始终是个人道德品质的第一位。甚至我认为向善比向上都要重要。我们倡导向善向上,不是上以后善,而是善以后上。先向善再向上,跑出正确方向。因为只有你善良的本性,才能决定你未来走的路是对的,你向上的能力才强。向上一点、快一点或慢一点,能力强一点或弱一点,其实都没什么关系,"善"才是最重要的。

　　人心本善,除此之外,人回归到自然的过程中,还要去思考我们每一个人在整个社会处于一种什么样的状态。我们每一个人有家庭、有组织、有社会。20 岁之前,我们生活在父母的庇佑和学校的教导下。25 岁以后,我们会组建自己的小家庭。当我们进入社会、步入工作的时候,将迎来整个人生价值最辉煌的时段,我们面对的是一个社会,要去赢得社会认同。每个人能够为社会创造出多大的贡献? 我们差不多有 25 年到 35 年的时间来做这件事,我们怎么来利用这些时间来为社会做出贡献呢?

　　我想不仅要创造一些财富,更多地要创造一种人生,要回归于我们每一个人能够为社会做出什么样的贡献,为自己、为他

正心奉道

人、为社会去承担一些社会责任，创造出一些社会价值，创造出自己的一番事业。所以，我认为探讨人生的价值和意义的时候，要提高自己的修为，提升自身的修养和内心世界。一个人修为越高，就会变得越简单，就越能回归初心，为自己、他人、社会创造更大价值。但一切修行和修养的提升都必须从内心出发，所有行为都由内心的动力去激发，行为来源于智慧，智慧来源于学习。内心决定一切行为。我认为，不管从客观角度去看人的行为，还是从对人的尊重角度平等看待每一个人，都是用学习知识来积聚智慧，规范自己的行为，提升自己内心的修行。

稻盛和夫说过："人类生存于森罗万象的大千世界当中，只有当我们对所有事物都怀有感恩之心时，我们才能够得到救赎。"所以，感恩之心也是一个人生命中最需要去拥有的一种品质。感恩既是人性中本有的善良的反映，更是一种生活态度、一种品德。当你学会用一颗感恩的心生活的时候，会更加容易看到这个世界的美好。我出生在一个积善之家。在中华人民共和国成立前，每到灾荒的时候，我爷爷都会开仓放粮，接济当地百姓。我的父亲退休后种花木赚的钱也捐给了镇里的幼儿园、敬老院，用于公益事业。从小家人给我的家庭教育就是要去真心地帮助他人、利益他人。

正因为家庭中祖辈、父辈们的言传身教，以及这些信念的传承与支撑，从小耳濡目染的我，在潜移默化的家庭教育中，意识到感恩更是一种责任意识、自立意识。它不但是美德，是带有敬意的利他之心，还是一个人之所以为人的基本条件。父母给予我"义良"两个字的名字时，对我寄予了很大的期望。我的人生也是以这两个字为基本准则。我想用自己一生的勤劳跟付出去实现他们给我的这样的一个称呼,更好地去践行自己这样的一个使命,传递道义良知,播撒温暖光明。

我创业的初心来自对社会的感恩。我一直觉得这个时代给予了我们太多太多的机会,我们是改革开放的参与者、见证者,更是因为国家改革开放的好政策而发展起来,是这个时代最大的得益者。没有国家的开放、发展所给予的机会,我们就没有今天拥有的这一切。既然在社会得益了,我们就要学会感恩,感恩社会给予的好机会,一定要感恩这个社会。在商言商,所以我想用一种商业模式、市场手段来帮助解决一些社会问题,真正为社会做一些事情,将以前自己获得的财富加上自己的勤奋打包回馈社会,用自己的能力帮助更多的人,让更多的人享受社会发展带来的成果。

因此,决定进入养老行业创业就源于自我的感恩心。感恩这个时代,感恩这个社会;来源于社会,回馈于社会。对我来说,如何去践行自己的感恩?就是去承担更大的社会责任,为社会养老事业做一些力所能及的事情,为社会重大问题的解决贡献自己的力量。利益更多的人,服务更多的人,这就是我在感恩之心下秉持的养老事业的商业逻辑。

在这个大浪淘沙、英雄辈出的时代,我们要把握机遇、感恩社会、奉献社会、回馈社会,承担起光明养老产业的重任,为天下长者的幸福晚年奋斗终身,为国家的昌盛、民族的复兴做出力所能及的贡献。得到爱固然让我们觉得温暖,而付出爱会让我们心生崇高。我们要常怀感恩之心,去帮助他人、利益他人,创造一个光明的未来!感恩于心,回报于行!

第二节　为何是普惠

未来中国的老龄化问题肯定比我们想象的来得更迅速,而且国内养老机构的入住情况也充分证明了十几年前的预测,我们很快就要面对老龄化高潮带来的社会性问题。我们每个有历史担当与责任感的中国人,都要敢于直面这一问题,都要勇于去承担这样一种责任。毋庸置疑,中国的养老问题一定是由中国人自己来解决。

十几年前,我创办九如城的时候,国内有很多企业都在考虑涉足养老行业领域,但真正能够坚持去做的并不多,因为这个行业还真没那么好做! 曾经有人认为只要有情怀、有胆略、有奉献就可以支撑起这个行业的发展,但其实更多还是需要落地的探索与实践。

每个行业的初级发展一定有一批先行者,这么多年来,九如城就扮演了行业先行者的角色。这就包括我们对于养老服务对象的精心研究,这是涉及我们九如城整个养老体系构建的最重要的问题。

我们细致的调研发现,当前国内养老市场主要的投资方是保险公司、地产商等。对于这类投资方来说,他们主要服务的对象是养老市场上的高端客户人群(属于全社会收入前5%~10%的人群)。他们的精力主要放在拿土地、盖房子、卖保单等,通过养老保单或者养老地产销售的方式来服务这些高端市场客户。在养老服务运营方面,他们反而不太重视。

第七章　为天下长者

因此，这些养老机构的产品本质上其实是原有金融产品的衍生品。通常，他们会聘用一个外资养老服务公司来运行养老项目。虽然这些外资公司很有声望和经验，并且能够帮助促进养老产品的销售。但是中国的养老问题，让国外公司来运营肯定是不合适的。这不仅是国情的差别，其中的理念、模式、方法，甚至对待养老、对待生命的价值观都有很大差异。

经过深入摸索和深思熟虑，我们九如城最终确定的养老服务对象是中端市场人群，运营方式则采用普惠的养老模式。中端市场是哪些人群呢？就是略低于前面所提到的高端市场的那部分养老需求人群。在这部分市场上，有一部分养老机构是央企、国企在投资运行。他们运行模式有基于本系统自建的机构，也有收购一些成熟的养老企业。央企国企的优势在于他们能够较好地服务本系统退休下来的人群，而且运行比较规范，财务指标也很好。但是，由于资源和专业性的限制，他们服务人群的数量是有限的，不能解决整个中端市场的需求。

因此与一些国内养老机构不同，九如城自成立之日起，就始终定位于普惠养老模式，我们的核心客户层就是中低消费人群。根据我们的测算，养老市场中大概有 5%～10% 的低端市场是政府保底的，中高端占 30% 左右，剩下的 60%～70% 就是我们要服务的对象，也就是九如城普惠养老的人口基数。这个人群特别庞大，而且是具备养老的刚性需求。这有点类似于互联网行业中所说的下沉市场。他们的支付能力比较一般，一般的长者退休金不算高，子女收入也一般，但是他们是面广量大的大众基层人群。

相对于高端市场以及中端市场中体制内的人群，普惠人群

正心奉道

的身体素质、生活条件、营养、保健、医疗等方面的条件相对差一些。但是,他们也曾经为社会做出贡献,为国家做了很多事情。

对于中低端人群普惠的养老服务的运营模式来说,我认为公建民营是最好的解决方案。政府建好硬件设施,我们来负责日常运营。也就是说,80%~90%的投资由政府来,民营企业用企业化的模式运作,加强质量管理、服务质量,让这一群人去享受社会发展成果。就公建民营模式来说,养老服务的全过程中最关键的就是运营质量。我始终坚持养老的核心是运营,运营的核心是服务,服务的核心是人。所以,九如城在养老运营过程中,建立的服务原则是直接抵达长者,直接抵达员工,直接抵达家族。这样的直接抵达,才能够真正与客户见面,建立起心与心的连接,才能真正解决客户心中的需求,为他们解决痛点,满足客户的内心需求。

具体来说,九如城在服务高端、中端、低端、普惠人群的硬件条件上,比如住房面积、环境、设施等方面会有一定的差异,但我们的服务质量没有差异,我们要做到让不同的养老人群获得同样的尊重。因此,在九如城的养老服务中,普通长者和离退休干部享受的服务是没有区别的。尊重长者的服务中,真正关键的是我们的服务员。他们是不是发自内心的爱长者,他们的每一个动作是不是从爱长者的角度去做的,决定了服务质量。

比如说,喂饭的服务都是一样的;不同的是喂的是燕窝还是稀饭。不能说高端人员两个人服务,低端人就一个人服务。我们的服务是根据长者的护理等级来确定的,不是身份或其他因素。护理等级划分是根据能力评估的,这个跟长护险是有关系的,跟护理等级是有关系的。九如城现在在进行护理的培训时,

第七章 为天下长者

一般会分护理员等级。但是,这不是为了给长者分不同服务等级,而是为了激发护理员更好地服务。

养老院当中有三个费用。一是床位费,九如城公建民营的床位费在行业内是比较低的;二是伙食费,这个是有区别的;三是护理费,由第三方来评估。为什么养老院每年收钱会越来越高?因为长者的身体越来越差,护理等级越来越高,所以养老院每年的床均服务费是往上增加的。我们的商业模式,包括我们的评估、收费,其合理性在哪?为什么每年都要增加?这基于长者的能力越来越差的假设,符合商业逻辑。

我认为,这样的普惠的养老运行模式就是一种社会价值的呈现,能够更加推进我们的商业文明。在我的商业模式概念中,始终存在普惠两个字。因为追求普惠,就是追求最大的社会价值,真正的商业最大的文明价值就应该是普惠的。为什么现在互联网经济越来越普及、便利?就是它实际上让大家买得起、用得起。为什么现在拼多多的下沉市场会这样火爆?实际上还是它解决了普惠的问题。能够解决更多老百姓的问题,那才是未来解决社会重大问题的最佳路径。我认为崇高的商业文明中也一定会有普惠存在,因为这是解决广大老百姓切实利益的问题。因此,用商业模式来解决养老的最佳方法,我认为就是提供普惠的、性价比高的产品。

2020年,国家实现全面脱贫目标,在实现全面小康社会之际,我们绝对不能忘了这一批曾经为社会做过贡献的人。当我们再来看待社会环境跟人的关系时,就会发现它们其实是相辅相成的。开始是人改造环境,后来是环境改造人,这是相互促进、相互影响。如果我们把大众人群的60%~70%的普惠养老问题解决，那么就形成了中国社会尊老、爱老的氛围，这是所有的人都看得到的。普通老百姓步入老年生活时，还有这样高品质的养老方式，那么他们对年老了以后生活就不再感到恐惧。

在商言商，既然我已经投身于养老行业，我觉得我就有必要去做这样的事情，通过九如城的普惠养老方式，为全社会树立一个重要的风向标。当我们老了的时候，有普惠养老来支撑我们。而且，这种普惠养老也给现在年轻人以后的希望。年轻人现在好好地干，等到老了的时候还有基本的、体面的养老保障。更重要的，这种普惠的养老模式也是社会文明、进步的全面呈现。作为国家社会保障问题之一，养老始终是全世界任何一个国家都普遍关注的问题。如果我们探索出一种适合中国国情的普惠制养老模式，保障国家需要养老的人，健全中国社会保障体系，那么，其社会意义远远大于问题解决的本身。

对于企业价值的应用来说，普惠模式同样受益。因为这种模式覆盖的人群更多、市场更大、空间更广。虽然我们进入养老行业不算很晚，但是能够在较短时间在市场占有率上做到领先，除了自身的勤奋努力之外，就是因为坚持普惠模式所形成的优势。根据人口普查情况，结合我们的研究分析，每个城市都有较大基数的普惠人群，他们的养老需求会产生较大的消费市场，而且这个需求是政府、社会、老百姓们都必须需要的。因此，他们会接受得很快。政府希望解决这个。普通老百姓都关心的实际问题，这也是事关社会和谐的重大问题。九如城作为一家养老企业，有机会通过自身的努力去完成这样一件非常有社会意义的大事情，真正能够惠及更多人群，成就更多人，利益更多人。在完成这件大事的同时，更有机会转变成为伟大的公司，能够更

第七章　为天下长者

好地去实现企业发展、企业价值。

再看个人方面,我认为,不管是从生意的角度还是人生的角度,我们做一样事情,一定不是从赚钱从得失的角度,而是要让人生更有价值与意义。如果光想赚钱,那我一定会选择高端市场,因为那个群体的消费者更富裕,我们养老产品和服务的溢价也就越高,我也就能赚到更多的钱。但是,如果我们想利益更多人,那一定要用普惠模式。利益的人越多,我们事业的价值和意义也就会越大。我第二次创业的时候就没有把赚更多钱放在第一位,而是把利益更多人放第一位。我个人认为财富观可以归结为一个问题:你到底是想这一辈子拥有更多钱还是去利益更多人?财富观是从小慢慢积累出来的。我现在想的就是,让很多有财富的人去感受到你做这个事情的伟大。那么我们做养老,就是选择做普惠的角度,这也是出于我个人对财富观的理解。

当然,在九如城的经验基础上,我们更要赋能行业,我们要从引领行业到领导行业,带领行业共同前进。我们会将我们的养老产品服务、标准化体系无私奉献给行业,我们会将信息化管理系统免费赠予给行业,我们会把人才体系的培养系统开放给行业,我们也会用资本来建立更多的联合发展的纽带。九如城的使命是以良知唤醒孝道,传播传承于社会,以能量唤醒产业、赋能行业,成就更多的企业,以生命唤醒生命,以长者的身心改变,唤醒更多人成为志愿者。

因此,不管是从国家层面还是从社会层面,只有解决好最广大人民群众的养老问题,才能真正解决养老这个社会大问题,普惠养老一定是主流。九如城创业的初心就是"情怀、责任、担当、

正心奉道
▶▶▶

普惠",我们立志解决社会大问题,而不是仅仅只解决某一部分人的养老问题,因此,九如城的养老服务一定是普惠的养老服务。未来,养老行业也需要进一步构建满足大多数人养老需求的服务体系,让普惠养老成为主流,让广大长者"买得到、买得起、买得好、买得安"。

第三节 九如养老模式

九如城自创立伊始,就定位为养老服务综合运营商。在整个养老体系的实施过程中,九如城在总目标不变的前提下,不断调整各个阶段的战略布局。按照我的设想,九如城的战略发展应该包含了四个层面。

第一,以机构养老为中心,辐射社区养老和居家养老。这永远是贯穿九如城发展战略和规划实施过程的模式,只有以机构来带动社区和居家养老,才能使我们最早实施的服务体系更加完善,使我们的服务人群更加广泛,帮助我们获取各种不同的客户来源。

第二,创建培训学校,建立人才体系。在老年产业不断快速成长的过程当中,人才是关键。未来在养老产业要占领高端,成为这个细分市场的领军者,必须拥有人才。我们和中国台湾双连、日本的虎之门,以及美国的南加大在合作,吸收国外的先进经验,通过我们的培训学校输出专业人才为养老产业做服务,建立我们真正的人才体系。

第三,以公益机构为补充,用积累的资金和社会资源为后面的养老产业作支撑。比如说我们建立一个社区养老中心,公益机构就可以挂牌,然后从公益基金中申请款项,补贴长者的生活费用和护理人员的薪资。

第四,以健康管理为纽带,拓展我们的城市运营。把健康管理跟社区连接,用健康管理的形式将客户连在一起,突出永久邻里关系、全龄社区。通过健康计划、健康管理、健康干预,倡导一个完全健康的生活模式。

在养老运营体系的构建和运行过程中,九如城做了很多的创新,特别是我们的两全模式、四级服务体系、医康养教研旅六位一体等不同的运营模式,均采用城市化网络布局。我们希望能在每个城市中建立一个示范性项目来展示九如城的模式与体系。九如城在过去的十多年时间中,投资50亿元来建立相应的人才团队、康养项目及运营设施设备、平台支撑体系,这也给九如城快速发展打下了良好的基础。我们未来的战略仍然不变,因为我们从未动摇真正做养老的初心。我们也会在我们的养老综合体上不断进行提升、创新,一城建一城,一城带一片,我们进入一个大城市,就一定建设一个养老综合体。我们将利用这个养老综合体在这个城市作出示范标准,去扩充到区域内全范围建设。

九如城以公建民营、自建自营、委托运营等方式连锁运营城市养老院项目,老综合体为资源载体,以城市养老院为运营核心,同时十分关注于社区机构相协调,将区域化养老体系建设落实到社区居家层面,满足"9073"战略需求。我们发现社区、居家、机构养老在人才和设备资源上具有重复性,因此应该发挥家庭、社区和机构的各自优势,促进养老模式的融合发展。例如,

正心奉道

150万人口城市四级体系养老服务模型

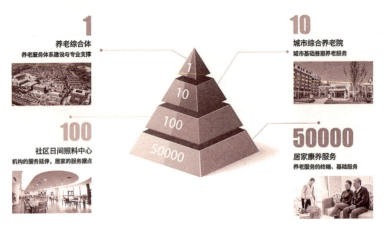

九如城养老四级运营体系

机构养老可以为居家养老上门提供专业化服务；居家养老可以在社区内获得便捷服务；居家和社区养老在有需要时，可以申请进入机构养老获得更安心的照护。综合上述的情况，九如城在行业内首创"四级养老服务体系"，将康养服务延伸到社区和家庭，全面践行"养老综合体—城市养老院—社区养老—居家养老"四级养老服务体系。

说到养老模式，其实我在十几年前创办九如城的时候，就开始设想规划医康养结合的养老模式。为什么要用康复医院与养老相结合？社会发展到这样一个时代的时候，养老问题已经成为社会重大问题，养老是多层面的社会需求，我们的养老机构还必须带医疗、康复等功能。但是，根据我们早期的调研，发现康复医学的地位在中国的医疗体系中弱于临床医学，单独在一个地区建立康复医院其实很难。

第七章　为天下长者

九如城在成立的早期，用三年时间进行国际研究，与许多国际机构探讨适合中国康养未来的发展路径，也找到了一些与中国实践相结合的模式，即医康养融合模式。同时，政府也已经意识到养老是重大问题，所以逐步支持在养老项目中加入康复医院，用养老来带领康复医学发展。这也充分说明了九如城当时的设想是现实可行的。据相关资料，近几年由国家卫计委批准新建的康复医疗机构，一半来自养老机构派生，可想我们用康复医疗来真正保障养老是有多么大的作用。所以，我们要把康复医学这个医学层面的理念，深入到我们的每一个机构、社区与居家中心。

九如城的运营定位是医、康、养服务综合运营商，我们请了很多国外的专家团队给我们提供了很多建议和方案。在建设过程中，我们不仅把硬件建设好，还开始探索养老建设的标准化，也就是说九如城在开始时就已经规划了未来的发展路径。我们在康复医院建设标准、护理院建设标准、养老院建设标准等方面都进行了系统化规划。我们的康复医院有从一百床位到五百床位不等的规模设置。在我们的养老综合体当中，同时也要保障我们的颐养公寓当中的长者的医疗服务。只有资源相互支撑，才能实现医、康、养的完全融合模式。

我们初步建成了养老产业链的闭环系统。我们的"医"有康复医院、体检中心、老年病医院。我们的"养"，包含机构、社区、居家。我们的养老运营信息化IT平台，在全国也处于领先地位。还有我们的"研究"，包括了康复器械的研究、康复医学等方面，并且我们与国际一流的康复机构进行合作，未来会在人工智能这些方面来为长者的幸福生活提供更多的新产品。此外，我

正心奉道

们还建立了对外咨询机构，可以开展包括市场、产品、运行、设计等在内关于养老运营的咨询服务。

软件建设同样重要，我们建立了一个使用管理云平台，希望在养老管理模式探索过程中领先一步。我们收购了一家中科院下属的研究所，来为我们未来的康养专业运营平台做数字化支撑，目前已经在七个省市运行了智慧养老平台并得到了行业的认可。同时，我们建立了一批软件开发的团队，把原有的建设系统、装修系统、家居系统进行优化，真正完成养老产业链的初步整合。

九如城十几年的运行经验证明，以养老促康复医学的发展，以康复来保证养老的医疗保证是完全可行的。这在理念上、行为上保证了这两个部分运营的融合。这么多年的实践经验，用很简单的一句话概括就是："医疗的人员向下走一点，护理的人员向上走一点。"也只有这样，用一个团队统筹协调人财物，吃一锅饭，才能够真正融合到一起。但是在财务上，两部分的业务是分开计算的，因为它们主管部门不同，医保部门的要求跟民政部门的要求是不一样的。特别是医保要分得清清楚楚，我们创业的初心不是为自己赚多少钱，更不会去骗医保。

如今，老龄化问题越来越严重，国家对康养结合方面也越来越重视，政策形势是一片大好，而我们要做的，就是怎么用实际行动来践行这一政策。九如城也是在这个过程中，努力寻找政策上的突破及自身的发展。在早期九如城养老综合体1.0版本的建设经验和成果上，我们进一步优化迭代完成了九如城2.0共享康养产业城的建设，并且已经在全国大多数地区推广应用。数字化全龄友好型康养社区3.0版本也已经在部分地区落地实

第七章 为天下长者

施。而我心目中理想的幸福社区4.0版本目前也已经有了一些完整的规划设想。

1. 养老综合体1.0版（以宜兴为例）

从2009年我们提出养老综合体的设想，经过4年多细致调研、科学论证、精心组织，2012年，在我的家乡宜兴，九如城首个养老综合体项目正式开工建设。这就是我心中所规划的九如城医养结合的养老综合体1.0版本，这也是在中国养老行业中第一次提出这样的概念，并且落地生根的。养老综合体同时运营"十大中心"，即康复中心、颐养中心、养护中心、护理中心、失智照料中心、体检中心、抗衰老中心、数据中心、研究中心、培训中心。它将养老养生连为一体，践行主动积极养老的生活方式。

在1.0版本中，我们在健康管理、养生医养、康复医疗与护理医疗几大方面都做了很多探索。医养融合服务超越了单一提供养老服务的观念，我们提供了两大服务体系——养老体系、医康体系，并且把它们有机地结合在一起。在九如城的养老综合体，我们不再是只提供日常生活照料、精神慰藉和文娱活动，还提供治疗、康复、护理等医疗服务。

我们的养老服务体系布局，是把康复医疗全程覆盖，并在我们的养老体系中嫁接，覆盖独立生活区、协助生活区、专业护理区、老年失智照顾区和安宁关怀区等功能区，满足长者全生命周期的养老需求。在这个过程中，通过整合医疗与养老方面的资源，医养融合社区服务在"医"与"养"的融合的基础上，提供全类型医养服务，满足长者的"养老"与"医疗"需求。具体来说，主要是在综合体中设立康复医院，在城市综合养老院当中配备康复医学中心，在社区日间照料中心配备康复室，在居家服务中设置

正心奉道

九如城宜兴养老综合体功能布局

康复小组。

2. 养老综合体 2.0 版（以徐州为例）

在前期累积经验后，九如城对养老综合体的发展理念持续升级，九如城（云龙）康养中心于 2016 年成立。这是徐州市云龙区公建、九如城运营的养老机构。作为养老服务综合运营商，九如城以云龙区养老综合体为资源载体，作为徐州九如城养老服务的支撑和保障，通过共建民营、公建民营、自建自营、委托运营等多种形式连锁运营城市养老院项目，将养老服务延伸到在徐州地区城市养老院、社区和家庭，推动徐州地区养老服务业的发展，积极践行"养老综合体—城市养老院—社区养老—居家养老"四级养老服务模式连锁化布局。

按照我的设想和规划，相对于 1.0 版，养老综合体 2.0 版本要有两个明显的特点：项目去地产化、服务产品精品化。出于对宜兴项目的总结，以及当时社会大环境对养老地产行业中存

第七章　为天下长者

九如城云龙养老综合体

在的一些问题的反思（例如，不少地产开发商打着做养老的幌子，实质是销售房产，养老服务配套很少或根本没有落地），我想九如城应该更加突出养老服务的功能和特色，而从养老地产中逐渐淡出。因此，在以徐州为代表的2.0版本综合体建设中就尝试"去地产化"，重点聚焦养老服务体系的建立及运营。在宜兴项目中，我们收获了宝贵的产品服务经验，我们认为养老产品要有特色，必须要更加聚焦和精炼。所以，在徐州2.0版本的养老综合体中，我们把康复医院和养老院集成在一起，首创了"院中院"的管理模式。也就是说，在养老综合体建筑内，既有康复医院，也有养老院，所有的行政后勤全部一体化，打通行政管理相关环节，有效提升整个养老服务体系管理和运行的效率。

应该来说，养老综合体2.0版是目前九如城养老运营体系的核心，它代表了当下九如城在养老运营体系的特色，也是九如城在全国大多数地区进行养老运行项目推广的主要模式。

3. 养老综合体 3.0 版（以佛山为例）

到了 2019 年前后，基于九如城在全国各地区运行情况的经验，养老行业发展变化趋势，以及我自己这么多年对养老运行的总结和对未来的思考，九如城养老综合体又有了新的升级版——3.0 版。

九如城佛山未来健康城功能布局

按照我对九如城发展战略的设想，综合体 3.0 版本中，要在以往侧重养老教育的基础上，逐渐把幸福教育、人生教育等提出来，把教育贯穿在九如城标准化的服务过程中。从人到硬件，从设计到人员的要求，到管理的结构，再到所有的服务都采用教育和学习的方式。九如城将逐步转向到"养老就是教育"这样的认知层面，也就是要通过教育功能转变长者及家属对生活质量、生命价值及幸福的认识。

我们通过市场调研也发现，出于对增值保值的需要，部分客户对于养老中结合地产并非完全排斥，也存在一定的需求。因此，在经营理念上，九如城尝试从以企业为出发点转变为以客户为出发点，针对客户需求完善产品内容与功能设置，适当增加了地产的产品内容。与此同时，随着互联网广泛应用，数据化、信息化技术的日益普及。在我们运营的管理体系中，数字化、服务化与家庭化也增强了。九如城在养老运营体系中，开始强调这些技术的运用，围绕这些方面进一步丰富与完善综合体的功能、效率及服务品质。

按照我们的设想，九如城一共规划了 6 个 3.0 版本的综合体项目，4 个项目已经比较明确能够落地。其中比较有代表性的是佛山项目，其他项目当前也正在紧锣密鼓的开展规划与建设工作。

4. 养老综合体 4.0 版（以幸福社区为例）

在没有进入养老行业之前，我对霍华德的《田园城市》、陶渊明的《桃花源记》、当代的《城市的胜利》和《规模》等作品就非常喜欢。从这些作品中，我们能够看到对于美好生活场景的描述，它们展现出人们对于向往和追求美好幸福生活的意义。幸福生活就是从家庭层面出发组成美好社区。这也促使我，开始设计规划九如城养老综合体的 4.0 版。

在这个版本中，我设想以现有养老综合体为核心，逐步去构建包括医疗、教育、商业等功能的，集工作、生活、学习、休闲娱乐等一体的综合型生活社区。在这一个幸福和谐的生活场景建立后，我们还可以用现代化的商业体系来保证社区内每个人的个性化需求。

未来九如城 4.0 版本，本质上就是构建这样一个美好社区。我们大概规划 1 500 亩左右占地，大约 130 万平方米建筑面积，

100万平方米住宅面积,预计1万户人家约4万人入住。另外30万平方米将农、工、商、医养都涵盖在内,当然社区的核心还是医、康、养为载体。

此外,4.0版还要包括工业体系、农业体系等。按照总人口25％的老龄化率,60岁以上的老人大约有1万人左右,1万个老人当中最起码有3 000个可以做志愿者。60岁以上的还可以来创业,来做喜欢的事情。比如行车修理铺、服装店、理发店,什么都可以有,这4万个人消费足够支撑社区的商业。

1	数字化家庭生活场景 家庭建设中心/家庭学习中心/膳食营养中心	6	数字化全家服务场景 老年友好社区/社区活动中心/社区为老服务中心
2	数字化生命管理场景 慢病管理/睡眠促进中心/国际诊疗中心/康复医疗中心	7	数字化工作场景 We work/文御中心/养老孵化器/医疗辅具/共享展示厅
3	数字化家庭学习场景 家庭建设中心/家庭学习中心/膳食营养中心	8	数字化新型农场 一亩园/十二节气博物馆/田间艺术馆/农耕文化展示中心
4	数字化邻里文化场景 养老服务到生活版/家庭中心/邻里休憩养生中心/疗愈花园	9	数字化供给体系 城市自循环/城市无动力/城市韧性
5	数字化社区管理场景 社区自理的呈现/党建/公益服务/五好家庭评比		

九如城幸福社区4.0的核心场景

在4.0社区中会有很多的生态系统来支撑这个体系,比如有粮食加工厂、面粉加工厂、粮仓,有灾难的时候粮食可以自给和循环,还有水资源的循环体系等。这就是我一直以来心目中九如城幸福社区4.0版本的理想蓝图,这一设想还会在未来规划与实施中不断优化和拓展。

实际上,九如城现在以医、康、养为核心的养老创新模式在早期也碰到很多阻力。创新一定会碰到困难,企业化运营最大的能力就是创新的能力,这种能力也是九如城未来不断开拓发

第七章 为天下长者

展的基础保障。九如城养老模式初步的成功,也为国内养老问题社会化解决带来一些可以借鉴的经验。

目前,我是民政部养老专家委员会的成员之一,在制定国家十三五规划及一些重大政策中,提供过一些建议并得到了采纳。例如,民政部与国土资源部制定的75亩地为养老机构的使用上限,就是采纳了我的建议。75亩地大概可以造6万平方米建筑,其中2万平方米用于康复医院的建设,1.5万平方米用于护理院建设。另外2.5万平方米作为养老院建设,这也是我们在项目落实过程中的一些经验。

我们目前运行四家康复医院,在建的有将近十家康复医院。在我们所有的床位当中,康复医院占10%的床位,护理院占30%的床位,其他是养老床位。在未来三年当中,我们总床位要达到10万张,那时我们有将近1万张康复床位、3万张护理床位、6万张养老床位。这是根据我们多年以来运营经验所得出的康复跟养老实施的较为合理的配置。

人口基数大、老龄化发展速度快是中国人口老龄化典型的特征。中国发展基金会发布报告称,中国将在2022年左右由老龄化社会进入老龄社会,到时65岁以上老年人口占总人口比重将超过14%。而据民政部、国家卫健委等部门统计,2019年年底,中国60岁以上长者达2.54亿,其中失能、半失能老人在2018年年底就超过4 000万。但是,中国养老护理从业人员仅有30万,上亿的长者未来将由谁来照顾?

因此,养老产业最具有挑战性的问题,对这个行业发展有至关重要影响作用的一定是人才这个难题。2.54亿老人,4 000万失能老人,30万养老护理从业人员,三个反差巨大的数字向

正心奉道

我们揭示了养老服务人才缺口巨大的问题。尤其是疫情期间，各个院际更是感受到人员短缺带来的压力。大量的员工被隔离在家，院内又增加了院感防控等工作。人少了，工作量却翻倍，这段时间养老服务人员承担的压力可想而知。怎么在老龄社会来临时做好养老服务人才教育和储备，不仅关乎养老产业的发展，更加关乎2亿多老人的晚年生活质量。

在这样的背景下，九如城与江苏经贸职业技术学院率先在国内开启了公办学校与民营企业基于四个联合体的公私合作办学（Public-Private-Partnership，PPP）模式的创新与实践，并在实质性运行的基础上，正式挂牌成立具有混合所有制特征的"江苏经贸·九如老龄产业学院"（简称"九如学院"）。合作双方立足于涉老专业的高中端的人才培养，基于养老企业发展人才需求规划的高度，秉持"爱心、公益、专业、坚守"的共同价值理念，不断探索混合所有制运行模式，共同打造的集人才培养、职业培训、社会服务于一体的校企合作平台。

继与江苏经贸职业技术学院合作后，九如城又陆续与北京社会管理学院、北京劳动保障职业学院、深圳健康学院、重庆城市管理职业学院、长沙民政职业技术学院、安徽城市管理职业学院、宁波卫生职业技术学院、上海城建职业学院等院校共签产教融合战略合作协议，希望通过与这些学校紧密的合作，共绘新养老时代专业人才培养的美好愿景。因此可以这么说，九如城在最近这几年运行中，最有特色的成果就是将九如教育成功地嵌入到整个养老运行体系中，成为未来九如城养老模式不可或缺的组成部分，也逐渐发展成为具有九如城特色的人才培训体系，这解决了我们这个行业最困难的一个问题——人才问题。经过多年的努力,九如城坚定自己的信念,走了一条自己培养的体系化方式,来解决养老行业的人才问题。

九如城2009年就成立了研究院,致力于养老行业研究,为行业赋能。经过12年前期知识沉淀和研究经验积累,结合九如城12年发展探索理论与实践所得,九如研究院从政策的顶层设计入手,以国家养老政策研究和养老产业基本规律研究为基础,致力于养老上下游及关联性产业政策与标准研究、养老行业研究、规划研究、创新商业模式和盈利模式研究、国内典范养老产业项目研究等,每年以养老行业报告、养老蓝皮书、养老课题研究成果、康养论坛等形式为养老行业提供未来产业发展风向标。

随着智力因素及科研成果在养老产业发展过程中的重要作用不断扩大,构建以企业为主体、产学研协同的创新体系,引领带动行业高质量发展已成为现实的迫切需要。基于此,九如研究院作为养老行业的研究机构,依托九如城集团在养老行业的领军企业实力,将通过连接产业、高校、科研机构,发挥各自优势,形成强大的研究、开发、实践一体化发展优势,共促养老行业产学研深度融合,为未来中国养老产业的发展贡献九如经验。

我们希望能够用最好的养老模式给中国的长者带来福音。九如城是国内的一个实现者,并且我们还会在不断探索未来的路上去创新,去摸索真正中国的康养事业发展的路径。九如城希望在未来的发展过程当中,得到更多行业同人的支持跟帮助,我们在不断探索未来的一个发展模式,来促进康养事业的发展。我们也愿意跟大家一起为社会解决这样的一个重大问题,来推进社会文明的进步,真正让阳光照进每一个长者的心田,让亿万家庭幸福满满!

第八章
为社会幸福

第一节　未来养老

当前,老龄化已经成为一个全球性问题。谁能提前做好规划,谁就能应对好这个难题,并借势而为,真正推动社会文明的进步。我国政府印发的《国家积极应对人口老龄化中长期规划》指出:到 2022 年,积极应对人口老龄化的制度框架初步建立;到 2035 年,积极应对人口老龄化的制度安排更加科学有效;到 2050 年,与社会主义现代化强国相适应的应对人口老龄化制度安排成熟完备。

这是国家积极应对老龄化的顶层设计,从国家层面制定了老龄化社会发展的基本框架,也从根本上给予了养老产业发展政策保障。那么作为养老人,我们应该怎么来进行思考和规划养老产业未来的发展呢？我觉得应该有以下一些思考。

第一,市场化、社会化一定是应对老龄化的最佳路径。几亿人的养老难题不能完全依靠国家来解决,政府也不可能一包到底。所以,最佳的、最根本的解决方案一定要让社会性问题回归到社会中去,依靠市场来进行高效的资源配置,让社会中每一个人都来关注养老,才能真正解决这个社会大问题。

第二,积极践行责任,为社会解决重大问题。任何一个行业的发展都要经过初级阶段、成长阶段、成熟阶段,每一阶段都需要时间,养老行业也不例外。2013 年应该算得上养老元年。在此之前，养老产业属于初创期。2013—2022年这十年应该是养老行业的初级阶段，众多企业进入到养老行业，共同推动养老服务健康发展。我一直在说，我们这代人真幸运，我们是改革开放的参与者、引领者；如今我们又成为养老行业的参与者、引领者。我们聚集了很多社会资源、行业资源，理应为社会解决重大问题，这是时代赋予我们的责任。我们应该要有这样的担当，更有这样的能力和底气来承担这样一个历史任务。

第三，满足人民日益增长的"美好生活需要"，是人类社会文明进步的基础。每个家庭都有长者，满足长者对于美好生活向往的需求在一定程度上就满足了家庭日益增长的美好生活需求。作为养老行业从业人员，我们要从提供优质的产品和服务理念来满足客户的需求，进而引导客户的需求，倡导更高层次的、生命成长层面的需求，最终为他们创造未来美好生活场景，推动人类社会文明的进步。

2020年的这场公共健康危机，给各行各业都带来了巨大影响。如今，随着国内疫情的控制、经济的复苏，各行各业的从业人员也在思考疫情后的发展，养老行业也是如此。这次疫情对于养老行业来说是一次重大考验。大多数养老机构的院感防控体系是缺失的，但九如城有系统性的防控手册和防控流程。按照防控手册，完全能够快速地根据每一个院际的实际情况建立起包含三区两通道的防控体系，有效抵御重大疫情。我们以往的运营经验也能给其他养老机构带来启示，要能够通过对平时运营经验的总结快速地各层面建立相应的防控体系，就能应对今后可能面临不确定性局面。

当下，养老行业在社会各界力量的参与、推动已经取得了很大的发展。未来,我们更要在全社会积极推动形成敬老爱老的氛围,吸引全社会对于养老事业的关注,动员全社会参与到养老行业的建设中。养老是一个有着大福报的行业,我十余年的行业经验也告诉我,我人生中最大的收获就是能够服务长者。我们也要利用市场化的资源配置,解决养老行业的供需矛盾,让更多的长者能够安享晚年。

我想在这一过程中,政府能够发挥更好的引领作用。用政策扶持、引导养老行业发展,保障长者日益增长的需求,特别是能够让我们的每一位长者都能得到多层次、全方位的养老服务。养老机构,则应该以客户为中心,更加积极地去满足、引导、培育客户需求,通过努力推动养老行业健康发展。

但无论是从国家政策还是客户需求,养老行业的发展都离不开养老人的努力。养老是一个很特殊的行业,一线员工的服务就是我们的品牌,因此我们要在机构中创建好的企业文化,给予员工安全感,培养他们的崇高感和责任感,更好地为长者服务,赢得家属的肯定和社会的尊重。只有如此,机构才能走得更稳更远。

2020年发生了很多事情,世界处于百年未有之大变局,我们都卷入其中,并将见证未来。新冠肺炎疫情的影响和中美贸易摩擦使中国经济受到很大的冲击。中兴、华为、字节跳动等科技企业成为美国政府打压的对象,这也给其他行业带来了拷问:我们如何在大变局中生存甚至发展得更好?

国家已经给出了我们答案:发展国内"大循环",着力扩大内需。坦率地说,中国的养老方案要靠中国人解决,中国养老企业的市场也主要在国内。因此,从另一方面来看,国内经济大循

正心奉道

环对于养老行业也算得上一个机遇。在未来几年里,我们要让养老行业成为"大循环"中的重要环节,借助"大循环"的东风,让养老行业进一步发展。

我想,养老行业能够成为国内"大循环"的重要环节的原因主要有两个方面。一是养老行业市场前景广阔。据预测,中国老龄产业产值将在2050年突破100万亿元,届时将占GDP三分之一以上。二是长者消费需求不断增长。如今,长者退休时年龄相对较低、身体较好,国家对退休人员的保障生活也做得越来越充分,长者消费需求正在向高水平、高层次和多元化的方向发展。

当然,养老行业也要创新发展思路,以高质量服务助推国内经济大循环。首先,要紧抓需求机遇,以大健康产业中的关键部分——养老、养身、养心为核心,不断开创发展新思维、新路径、新格局。我们要重新定义养老,养老观念和服务都要从养老向教育转变,为长者提供一个可以发挥余热、为社会再作贡献、再创新辉煌的平台。这种再教育、再成长的服务方式能够让长者更加开心,真正实现快乐养老的目标。

其次,要加快数字化转型,探索"养老+互联网+各行各业"的创新应用,开发出更多更好满足长者需求的消费业态。疫情期间的网上探视、网上问诊等线上服务的出现让我们看到了养老+互联网的巨大潜力。九如城平台也一直在积极开发数字化养老平台,潜心研发了"99康养平台",针对目前行业普遍存在的养老资源分散、供需不匹配、渠道不通、无专业线上康复等问题,为行业提供全方位、专业、可信赖的康养服务。

最后,站在一个养老服务运营商的角度,九如城运营多家养老机构。但我一直认为应该让养老回归家庭：从之前的只服务长者到服务长者家庭，从关心长者到关怀长者家庭，从养老全服务到家庭全服务，让养老消费直达家庭，让健康成为家庭中心。这需要每一个养老人转变理念，我们的客户不仅仅是长者，更应该包含长者家庭，我们的服务也不仅仅惠及长者一个人，更应该惠及长者家庭。如此，不仅能够拓展养老行业的边界，更能扩大养老行业的市场规模，更好地发挥养老行业的巨大潜力，促进国内经济"大循环"的良性发展。

近几年，关于"养老＋医疗""养老＋互联网"等为主题的传统养老产业转型的论述不绝于耳。这种融合思维既有助于增强养老产业服务管理效率、解决养老服务人员短缺问题，也拓展了养老服务普惠发展的路径，能够为更多的长者提供便捷的服务。站在当下，同时结合九如城12年发展的历史，我想未来养老行业的发展一定具有以下几个趋势。

1. "养老＋互联网"，引领养老行业高质量发展

从2015年国务院颁发《关于积极推进"互联网＋"行动的指导意见》开始，互联网与养老结合，打造智慧养老健康产业体系已经上升到国家战略层面，"智慧养老"成为养老行业发展的新方向。

目前，"养老＋互联网"由三大板块组成，即以智能设备为基础，以线上服务平台为纽带，以线下服务圈为支撑。通过智能设备搜集长者需求信息，以数据驱动服务，构成一个闭合的供给链与需求圈，大大提升服务效率和管理决策的科学性，为长者提供个性化、专业化、品质化、效能化的养老服务。

诚然，基于我国老龄化问题严重、养老资源不足的现实困

境,传统养老依靠人力服务的模式已经不再适应新时代长者的养老需求,养老向数字化转型升级是大势所趋。养老服务线上与线下的有效融合,将缓解养老服务业面临的管理和服务难题,同时能借助科技产业发展的优势促进养老服务业产业化发展。前面我们也讲到养老+互联网的数字化转型,但目前来看,养老产业线上线下融合还有很长的路要走,仍然是未来发展的一个大趋势。

作为一个有着12年养老经验的养老人,从立志从事养老服务开始,我就在思考如何利用互联网来助力养老产业的发展,也一直在布局九如城智慧养老服务体系。对于养老产业来说,我们要努力发挥养老产业本身的优势,利用互联网更新服务手段和管理方式,用互联网思维和互联网技术帮助养老产业转型升级,为客户创造全新的价值,进而实现养老产业高质量、高速度的发展。

2. "养老+医疗",完善养老服务体系

2018年全国60岁以上人口达2.49亿人,其中患有慢性病的长者接近1.8亿人,根据《第四次中国城乡老年人生活状况抽样调查》,我国部分失能、完全失能的长者占总体老年人口的19.5%。同时随着我国人均寿命的增加,未来,老龄化社会将进一步加剧,老年人口对于健康养老的需求将大幅度增加。"养老+医疗"将成为未来养老发展的重要方向。

传统的单纯养老服务和独立的医疗卫生服务体系,难以满足长者多层次、多样化的健康养老需求,同时也增加了医疗服务体系的压力,既不利于养老服务的高质量发展,也不利于更加合理利用现有的医疗服务资源。医养结合的养老模式是将医疗、

康复、护理和养老服务有机结合,以完善的医康养护资源体系为支撑,满足一定区域内全部长者全生命周期的养老需求的新养老模式。医养结合是打通养老和医疗脱节"痛点"的必要之举,是推进健康中国建设的重要举措,是大健康产业的发展方向之一,也是老龄产业发展的重要内容。突出医养结合使传统养老服务体系更加完善,不仅能够为长者提供更为优质的养老服务,还能有效满足老年人口的医疗需求。

九如城从一开始就定位为医、康、养、教、研、旅相融合的养老运营商,我们也率先提出医养结合的理念并付诸行动。九如城的"医养结合",不仅提供长者的日常生活照料,尤为重要的是为长者提供健康保健、疾病的预防与治疗、疾病的康复管理、临床护理等积极医疗护理服务。

2020年的新冠肺炎疫情,也让更多的人关注健康。未来,长者健康和家庭健康管理一定是机构服务的重点,我们要兼顾服务对象的共性和个性,满足不同年龄层次不同健康状态长者的养老需求以及家庭健康管理的需求。系统性地实现院际、社区、居家的医养结合,以老年康复为医疗康复服务的核心,将康复护理服务延伸到社区及家庭,全区域体系化解决养老问题,提供全生命周期系统性解决方案。

3. "养老+教育",提高长者的生命质量

长者退休以后,离开了工作的岗位、放下了生活的重担,也逐渐失去了退休前的社会地位,成为了社会的边缘群体、别人眼中需要照顾的弱势群体,随之而来的失落、孤单、迷茫的情绪不断蔓延,空虚、无所事事成为了他们的生活写照。

随着物质生活水平的不断提高,越来越多的长者注重提高

生命质量的精神生活,而他们只有积极融入社会之中才能享受到生活的乐趣。这些长者在退休前都掌握着各种工作技能,曾经为国家和社会做出过巨大的贡献,退休后他们有时间有精力并且也想继续为社会做出贡献,因此发展"养老+教育"对于长者、社会和养老产业都有益处。

只要社会重视长者的价值,让他们调整好心态,积极乐观地投入到学习之中,更新知识结构,将自身经验与先进知识相结合,一定能够帮助长者"再社会化",让他们发挥余热,为美好社会建设贡献力量。银发浪潮催生老年教育,长者和年轻人应当共享人生出彩的机会。孝为文化便是"教",养老人应该将老年教育摆在重要位置,实施"养老+教育"战略,不仅能够培养阳光向上、与时俱进的老年人,实现"老有所学、老有所教、老有所乐、老有所为",更是响应国家学习型社会建设和终身教育的号召。

4. "养老+旅游",丰富长者晚年生活

随着社会经济的不断发展,人们经济水平不断提高,越来越多的人具有强烈的旅游意愿。据统计,2019年中国旅游业总收入达6.63万亿元,对中国GDP的综合贡献为9.9万亿元,旅游业逐渐成为国民经济新增长点。

相对于年轻人没时间出去旅游,长者的时间充裕,尤其是有一定经济基础的长者,旅游成为他们养老生活的重要一部分。有需求就有市场,"养老+旅游"是近年来养老行业关注的重点领域。2020年政府工作报告中,扩大内需是下一阶段推动经济发展的重要手段,其中"养老服务""旅游"是扩大内需的重点产业。

"养老+旅游"是养老新模式,也是养老产业的又一发展生

态,被业界称为"旅居养老"。"旅居养老是候鸟式养老和度假式养老的融合体",长者可以根据自己的需求和喜好,在不同的地点度过不同的季节。一边养老一边旅游的模式也有利于长者的身心健康,开阔长者的眼界,丰富长者的晚年生活。同时将旅居养老与异地养老相结合,在一定程度上解决高老龄化区域养老资源紧缺的问题,又照顾到长者不想长期或永久居住在外地的诉求。

虽然2020年年初,由于新冠肺炎疫情的影响,旅游业受到很大冲击,养老企业中的旅居业务也近乎停滞。但这种状态是"非常态",长远来看,旅游业的恢复只是时间问题,人们对于旅游的需求也会逐渐增加。而养老企业也能够借助旅游业蓬勃发展的东风迎来自身成长的契机。

"养老+"模式的核心是真正以长者为中心,不管是互联网方面,还是医疗、教育、旅游等方面,我们都要紧紧抓住长者的需求,为长者提供多元化高质量的服务,满足长者的身心要求。我想,这种多生态的发展,既拓宽了养老产业的边界,在一定程度上也增强了养老产业抵抗风险的能力,是"大养老"事业蓬勃发展应有之义。

第二节 共 享 幸 福

一般我们都会认为,幸福的家庭会有好的传承。家庭中的传承并不是我们现在的现代化、数字化或者是别的什么东西,更多的还是传统文化的传承。讲到传统文化的传承,我就想到了

正心奉道

我们从孩童一直到成年的成长经历。我们能不能就我们的成长过程，成立一个"家庭学习中心"？在这个中心里，我们安排相应的课程，让成年人去学习为人父母的知识和技能。其实，在为人父母前，我们谁都没当过父母。可是，我们现在很多人都不知道该怎么做父母，有了子女后该怎么去指导他们，又该如何去与长辈们处理关系。从传统文化看，这三代的教育方式也是一个道——家庭之道。

所以，很多人又自然而然地要都在当父母后，发现很多之前都没有遇到过的问题，于是他们要么处理不好，要么干脆不去处理。如果我有这样的一个学习中心，让大家都有所准备，知道怎么当子女、怎么当父母，能够和谐处理家庭关系，让每个小家庭快乐，每个大家庭也幸福，整个社会也就和谐了。

传统文化中也有类似"邻里促进中心"的组织。中国社会历史上最稳定的结构是农村大家族，邻里乡亲之间相互帮衬、相互支持。就像是如果哪家家里吵架了，隔壁邻居可能就来劝和，一会儿就没事了。但是，在现代化、城市化以后，随着这种大家族的格局解体，隔壁邻里之间的走动就基本没有了。然而，这个邻里关系的促进对于每个家庭来说却很重要，因为毕竟我们都是社会人，人其实是离不开社会群体、社会关系、社会环境的，邻里之间是除了血缘、亲缘、学缘等之外比较重要的一种社会关系。

所以，我们计划在幸福社区里，建立一个"邻里关系促进中心"。在这个中心，我们可以一起学习社交、礼仪等大家感兴趣的内容，或者一些家庭生活场景。例如家里有小孩的，中心教你怎么带小孩；喜欢烹饪、插花、家艺等的话，中心也可以教你。很多生活中的东西，中心都可以教，大家都可以来学。

第八章　为社会幸福

中心还可以组织各种协调会，沟通协调邻里之间或家庭内部的矛盾、冲突，甚至还可以组织连线家庭会议，例如十来个人家每月开一次会议，坐在一起讲家长里短的事情，好的我们就学，做的不好的地方也可以及时得到提醒从而加以调整。我们还可以一起学习一些家庭生活场景，这不就是新时代的下新型邻里关系吗？社区中有这样一个中心，对于促进社区和谐、美好、幸福肯定会发挥积极的作用。这个中心会为每个家庭、整个社区的生活场景中注入更多的人性化的东西，整个社区回到陶渊明笔下"阡陌交通，鸡犬相闻。黄发垂髫，怡然自乐"的最纯真的那种社会状态。

当然，不管是"家庭学习中心"还是"邻里关系促进中心"，其构建方式和运行模式与我们现在互联网时代所提到的"社群"有异曲同工之妙，本质上其实是一样的。都是有稳定的群体结构和较一致的群体意识；成员有一致的行为规范、持续的互动关系；成员间分工协作，具有一致行动的能力。社群本质就是基于需求和爱好把一群志同道合的人聚集在一起，目的就是为了实现共赢！在社群中，一般意见领袖（KOL）能够迅速地和群友们建立信任并传递价值。有了意见领袖，产品或服务能够迅速地传播到社群中，并且能够和群员们保持沟通互动，群员意见也能够及时通过社群反馈到企业。

而在我们的"家庭学习中心"和"邻里关系促进中心"，我们也会有意识地去培养意见领袖，让他们用自己的喜好特长继续帮助他人。例如，我原来就是教授、医生，或者我自己对处理家庭关系等这种类似问题比较有心得，我就可以去分享相关知识。我们可以邀请这些意见领袖到两个中心来，讲讲父母之道、子女

正心奉道

之道,如何教育孩子,如何处理邻里关系……

在研究和建立这两个中心的时候,我们认为未来有很多各种各样的组合式社群可以整合到这两个中心上,构建九如城模式下的社群平台。我们可以开发很多课程,包括现有养老模式下的各类老年教育项目(这个层面的教育非常重要),最终通过10年左右时间,建成一个全国最大的老年社区。在这个社区中,我们有教育、有学校、有市场需求,通过商业化运作,使得社区成员掌握建设自己心灵品质、幸福家庭的能力,然后再去利益他们的家庭。最终还是这样的逻辑:社区中的每个家庭幸福了,整个幸福社区就建成了,幸福社区越来越多,那么和谐社会也就自然而然地形成了。

第三节 价值成就

当人们生活水平达到一定的程度,就必须得要追求幸福,家庭的最终的向往是幸福。美好生活最重要的就是幸福家庭,自己的生活美好得不得了,家庭却不幸福那是不可能的。与此同时,我们每个人必须要在不同的时期受到各种不同的教育,我始终认为人生因教育而成长,人生也是因教育而伟大,人生更是因教育而能够有机会成就终身幸福。因此,教育是事关我们能否获得幸福家庭、幸福人生的关键。幸福家庭建立在什么基础之上呢?我认为应该是美好社区。所以,我们找到这样的一个教育的逻辑路径,从幸福家庭层面出发,组成美好社区,再传承到我们社会,构建真正的幸福体系。

第八章 为社会幸福

其实,真正理解了这样一个社会问题,那么每一个人都应该有责任来承担这个幸福体系的构建。有美好的社区组成美好的社会,美好的社会推进什么?一定是人类文明进步。我认为这个逻辑是对的,从每一个人到每一个家庭再到社区,最终实现人类文明进步。九如城作为这条路径上承上启下的重要节点,发挥着建立美好社区的重要使命。为了实现这个目标,九如城已经在建立实施养老生活体系的同时,构建了三个层面的幸福体系,这个幸福体系跟原有养老生活体系是并轨运行的。

九如城幸福体系
THE QUALITY GOES WITH LOVE
——传承孝爱文化,提倡"知行合一"

九如城的幸福体系

未来我觉得更重要的是,要实现九如城幸福体系的目标,一定要将教育这个因素考虑进去,由现在的养老逐渐向教育转型。我的初衷还是考虑到我这一代人。我认为20世纪60年代出生的这一群人基本能够代表20世纪50—70年代出生的三代人。这30年出生的人群是我国改革开放,实现经济腾飞的重要贡献者。在为国家创造了经济奇迹的同时,他们未来能不能创造生活文明、社会文明呢?我们这群人未来能不能再重新实现自我价值,再持续20年多为社会做些贡献呢?我想是可以的。但是，我们这一群人怎么来为社会新时代做贡献呢？就是通过再全方位的学习来建设自己的心灵，当心灵格局提高了，就会愿意去帮助人家，去做志愿者，去做社工，去做这个时代的引领者。这就是我对九如城战略转型意义的认识。

根据我对未来的思考，九如城的养老模式中需要进一步完善两个维度的教育学习系统。第一个基础的维度主要是老年教育，通过养老技能、养老观念等方面的教育，把养老机构的客户通过生命大学完成向学生身份的转变。第二个更高的维度是从教育到生命价值、人生价值的学习，这更多是关乎整个家庭幸福的学习问题。我设想这个层面的教育可以通过幸福社区的构建来实现，因为幸福社区载体是每户幸福家庭的目标。

完善了这两个层面的教育，我觉得九如城就真正实现了从养老到教育的转变。九如城的教育目标是要普及到我们所服务的每一个长者，每一个员工及家属，未来甚至要到我们的社会。通过这个系统，更好地实现九如城的幸福体系。从现在开始，九如城已经加强教育方面的发展。我甚至认为九如城未来将完完全全将转变成为一个教育组织，成为长者的学堂、员工的学堂、家属的学堂、社会的学堂。按照我的设想，九如教育应该有三个层次。

第一，客户群体的教育，主要是养老技能教育，培养老年人如何享受健康休闲的生活，这属于技能层面的培养。比如说生活技能，包括养花、养草等休闲娱乐，棋牌、球类等运动，时间管理，健康养生的技能，理财教育。此外还有和家人相处的技能等。例如现在有不少社会新闻报道，很多家庭担心老年人带孩子的问题，或者和子女相处的问题。其实，老年人也是第一次经历这个过程,他们也需要通过学习来面对这些问题。

第二,养老观念教育,主要培养全社会对于养老理念上的理解和认知。要营造对老年人的重视,引导全社会对长者尊重、关爱。我们还要提倡老年志愿者教育等,使老年人能够在力所能及的情况下,通过志愿者的方式服务养老机构、服务所在社区、服务社会,让他们能够体验到老有所为、老有所值的幸福快乐感。

第三,关于对生命的教育。从这个角度来讲的话,我们教育的终极目标对象是延伸到老年人之外的。比如我们现有的老年生活状态的模拟体验,体验老年人的体感、生理等状况,感受老年人缓慢行走、乘坐轮椅、细嚼慢咽、说话缓慢等特征,让大家提前感受在高龄的生理条件下,原有生活会发生哪些变化。这个过程其实就是一种生命教育,通过这样的教育可以进一步提升人们对幸福意义的理解。

还有很重要的一点教育,就是有关生死观的生命教育。我们所讲的养老20多年的生命价值,其实就包括了60岁以上老年人群的生命教育。如果说60岁以上可以看作是生命价值的教育,那么80岁以后就是关于生死观念的教育。为什么要讲这个教育呢?某种程度上,谈死亡观很难,因为平时我们离死亡太远。但是,正确认识死亡,把它当成生命的一部分,那么就能以更崇高的认识、更积极的态度来对待生命的幸福,也就无惧于生命尽头的到来。因此,每个人要幸福安详地走完一生,这个教育一定要提前讲授。当然,受到现在外在条件的支持,这个教育可能会延迟到90岁以后再讲。

当然,现实的老年教育中最重要的内容,是那些能够唤醒老

正心奉道

人们内心的东西,唤醒他们生命中的力量,而不仅仅是去教长者们如何安度晚年的专业知识或技术。这种生命的力量就是能够让长者们快乐,享受晚年学习的时光。要让长者们觉得,他们在60岁以后还是对社会有价值、有贡献的,而不只是静静地等待生命的尽头。我们会为长者们创造一种这样的场景,让他们觉得有更多的机会,能够挖掘他们的潜能,去充分发挥他们能力。

例如,在60多岁的年纪,再去学习书法,再怎么学,水平跟从10岁开始学完全不可同日而语,因为生理条件决定了老年人不可能有少年们那样的精力和能力。而且老年人学后也没办法去展示来证明他们的书法水平是还不错的。年轻人学书法跟老年人学书法,是两种不同价值的呈现。首先,学习、练书法不是为了展示书法写的有多好,而是老年人内心潜能的一种释放。能写多好就多好,不是为了今后去展示获奖,也不是为了得到专业的认可,更不是为了今后作为谋生的手段,这完全是发自老年人们内心的爱好、喜欢来做这一件事情。老年人的学习,最重要的是要帮助他们找到内心的兴趣点,这个很关键。所以,老年教育重点是培养他们的兴趣,通过挖掘内心最有生命价值的东西,帮助他们实现内心的一种释放或者充实。

接下来,我们还要教育、帮助老年实现自我展现,找专业团队帮他们设计,让他们在这个年龄展现自我的独特魅力。这种魅力不仅仅是健康的身体、外表的风度,还有内在的气质。同时,要引导他们学习管理时间、健康生活等习惯的养成。这些都是老年人乐观、积极、健康的生活表现。他们以这样积极的形象告诉大家:老年人同样可以拥有幸福的晚年生活状态。

这就回到了之前提到的幸福理论,老年教育是为了他们的

第八章　为社会幸福

幸福。幸福是为了什么？为了他们更健康，有了幸福就会更健康，老年人更健康就是为社会节约了财富，做出了更多的贡献。同时，这也给其他人更积极的影响，使他们对未来老年生活有了更积极的认识，也就会以更乐观的态度面对当下的工作、生活，为社会做更多贡献。这样越奉献越快乐，越快乐身体越好，社会也更和谐幸福。

如此，最终回到一个这样的逻辑：第一，老年幸福生活唤醒生命的力量，对自己的生命也是最好的回馈；第二，一个人在老年状态幸福健康，也是对社会的贡献和回馈。我觉得这两个层面的内容这才是九如城教育体系的核心和最大的价值。

以这些作为核心逐渐能够构建完整的九如城教育体系，最终实现一种完整的人生价值，这样的教育体系对整个养老产业、整个社会都是具有开创性的。因为，这样的教育体系搭建好后，最终体现的是长者们对社会贡献的意义，使他们自己、年轻人、全体社会都能对生命的意义产生新的认识，都能对我们在生命历程的最后这段时间，感受到自己更有价值的生命。假如我们不巧虚度了前面的 60 年，那么后面的 20 多年生活无关前面的成功与否，充实、幸福、快乐地度过后 20 年，人生一样会精彩。

甚至，我认为九如未来的战略十年本质就是教育战略，因为我觉得未来十年是我们国家、世界、人类发生最大变化的十年，甚至超过前面四十年。那么，我们怎么在这个十年做对九如城发展有价值的战略性的工作，这是值得九如城上下全体人员都需要去认真思考的问题。所以，当再回到我所提倡的教育时，在战略层面，2021年可以被称为孕育善良种子之年。我们的教育战略是用一年时间来孕育未来教育的种子，2022年及以后，再到阳光充足、水分充足的土地去播种，让种子生根、开花、结果，最终实现我们预设的"教育成就人生价值"的目标。

后　　记

　　从商二十多年来,我一直在努力使自己的心灵得到成长,让自己跟上这个时代,不使自己成为公司成长的天花板,并带领团队响应时代发展的需求。因此,在48岁本命年之际,在自己的地产事业发展小有一番成就之时,我毅然执着地选择开始自己在养老行业的第二次创业。

　　人所有的行动,都是依心而行,从心出发,心生万法。我做养老之初心来源于家庭。当年我自己也好,创业伙伴、朋友也好,父母都已近暮年,如何能给他们一个更有品质、更有尊严的晚年是我一直在思考的。因此,十年前创业之初我就规划着这样的一个梦想——能够创建一种全新的养老模式,让家乡的长者们能够以更好的方式颐养天年。这样的想法促使我通过三年多国内外的行业考察和研究,结合国内的现实情况,在我的美丽家乡宜兴创办了九如城养老综合体。

　　生命在于运动。工作、学习、生活之余,每个人可能都有自己爱好的运动,跑步和登山是我最喜欢的运动,甚至已经成为生活中重要的一部分。虽然这两项运动对身体机能以及技巧、节奏等的要求有很大不同,但是它们却有一个最核心的共同点,就是需要挑战和坚持自我。

九如城十多年的建设并非一帆风顺，每当遇到困难的时候，跑步和登山带给我的那份恪守和坚持，使我能够带领团队克服艰难险阻，走向成功。如今九如城已经进入良性的运营状态，在行业也起到一些引领作用，在社会中起到了很好的反响。特别是我们服务的长者以及家属反响特别好，都认为九如城是养老行业的一个标杆，是一家实实在在做养老的企业。回顾这段经历时，我更能体会到以往跑步和登山中的历练，以及关爱全天下长者的初心和坚守这份事业的恒心对于我从事养老事业的启发。

我计划到75岁退休，未来15年，我依然会奋斗在养老行业的第一线……

图书在版编目(CIP)数据

正心奉道:老谈的养老事业梦/谈义良著. —上海:复旦大学出版社,2021.12
ISBN 978-7-309-15483-2

Ⅰ.①正… Ⅱ.①谈… Ⅲ.①养老-服务业-企业管理-经验-中国 Ⅳ.①F726.99

中国版本图书馆 CIP 数据核字(2021)第 204363 号

正心奉道:老谈的养老事业梦
ZHENGXIN FENGDAO: LAOTAN DE YANGLAO SHIYEMENG

谈义良　著
责任编辑/宋朝阳

复旦大学出版社有限公司出版发行
上海市国权路 579 号　邮编:200433
网址:fupnet@fudanpress.com　http://www.fudanpress.com
门市零售:86-21-65102580　团体订购:86-21-65104505
出版部电话:86-21-65642845
江阴市机关印刷服务有限公司

开本 890×1240　1/32　印张 5.875　字数 129 千
2021 年 12 月第 1 版第 1 次印刷

ISBN 978-7-309-15483-2/F·2837
定价:58.00 元

如有印装质量问题,请向复旦大学出版社有限公司出版部调换。
版权所有　侵权必究